部下が喜び、組織に評価される

「上司力」強化マニュアル

エグゼクティブ・マネジメント・アドバイザー
組織戦略コンサルタント
高田 誠 著
Makoto Takada

LEADERS NOTE®

［はじめに］

＊何をしたらいいのかわからず、最初からつまずいてしまっている新人。
チャレンジだからもっと頑張れとお尻をたたき続ける上司。

＊一生懸命仕事をしているけれども、なかなか力がついていかない２年目社員。
力をつけるように頑張ろう、と言い続けている上司。

＊本当はもっとやりがいのある仕事をしたいと不満を抱えている３年目社員。
悪いけど我慢して頑張ってほしいと言う上司。

何度も何度も見てきた育成がうまくいっていない状態です。本人にやる気があって、上司にも部下を思う気持ちがあるのに、大変残念な状態としか言いようがありません。

育成には具体的なノウハウがあります。

＊新人にはセットアップした仕事を渡せば、最初から組織に貢献ができ、経験が力になります。

＊力をつけるべきことが何かを明確にしてあげて、徹底的に訓練をさせれば、必ず力はつきます。

＊その仕事の意義と価値をしっかりと説明すれば、部下は必ずやりがいを持って活躍するようになります。

上司がやるべきことを知ってアクションをすれば、育成はうまくいきます。ここに整理したのは、部下の育成ができる上司になるための上司力強化56のアクションです。

この56のアクションは私がP&Gで働いていた時代に、育成を受ける立場から、管理職を部下として育成する立場まで、20年余りの間に体験してきた、P&Gの組織に引き継がれている人材育成のノウハウが基になっています。P&Gの長い歴史の中で生み出されてきた、社内で優秀な人材を育成し、組織を支えてきた、ノウハウです。

しかしながら、この本の内容は「P&G流でやりましょう」ということではありません。

人材育成で評判の高い歴史のある他の超優良グローバル企業や、新しい時代に急速に大きくなった企業にも、それぞれ優れた人材育成の考え方やノウハウがあります。それらの情報を集めると、一つの結論に行きつきます。

「言い方は違っていても、考え方は何も変わらない。」

優れた人材育成をしている企業が必要だと認識していることは共通だということです。

また、10年前にP&Gを退社して以来、私は様々な日本の企業や様々な領域の組織にもかかわってきましたが、結論として、どこであっても人材育成で必要なことは変わらないとつくづく感じています。グローバル企業だからとか、大きな企業だからとか、などということは決してなく、ここで整理したアクションをとれば、実際に人材は育っていきます。

この本では、部下育成で必要なことをステージごとに整理し、包括的にリストアップしました。

P&Gでもここまで整理してノウハウを引き継いでいませんし、私も今までは必要に応じて部分的にサポートしてきましたので、全体を整理したのは初めてです。

一つ一つの内容については、驚くようなことはないと思います。重要なポイントは、やるべきことは何か、なぜそれをやるのかを知って、それを実際にやる、ということです。

初めて部下を持ち、初めて育成に取り組む皆さん、

「部下の育成、一体どうしたらうまくできるんだろう?」と思っているでしょうから、リストした56項目を最初から順番にやってみてください。たとえ自分ではうまくできている感じはなくても、部下は育ち、部下から素晴らしい上司と言われることは間違いありません。

経験のある上司の皆さん、

この本が皆さんの今までの経験の整理になって、次のステップに進むために役立つことを願っています。「知っているよ」と簡単に済まさず、「自分は本当にやっているのか」をチェックして、やっていないことがあればやってみてください。

組織全体に人材育成力をつけたい、人事部や組織のトップの皆さん、

是非このリストを組織共通の育成者育成の方法として活用していただければと思います。組織で取り組めば人材育成力のある強力な組織が作れます。

この56のアクションが皆さんの実際のアクションに結びつき、皆さんの部下が力をつけ活躍し、皆さんが優れた育成者になることを、心から願っています。

高田誠

【もくじ】

Level. 1

Starter Stage

スターター・ステージ

まずは部下を軌道に乗せる

まずは部下を軌道に乗せる

最初は、新入社員や新しく入ってきた経験のない新人レベルの人材を部下に持ったときどうしたらいいのか、という話です。

最初に部下を持つのは自分が主任や係長になったときで、最初の部下が新人だったり、かなり新人に近い人材だったりすることが多いでしょう。

組織の上の人たちは新人レベルの人材を扱うことは簡単なことと思うからでしょう、「新人は新しい主任に任せとけ」という発想を持つ傾向があります。

しかし、どうなのでしょうか、新人レベルの人材を部下として持つのは、実は本当は大変なことです。

新人レベルの部下では、まだ力がありませんし、自分では、なかなか力をつけていけません。その分、上司がやってあげないといけないことがたくさんあります。白紙のスタートなので難しいのですが、やっておくべき重要なことはいくつかに整理できますし、ポイントをつかんでしまえば誰にでもできることです。

新人レベルの人をどう成長の軌道に乗せるのか。育成にとってスタートは重要です。最初にうまくやれば育成はロケットスタートです。つまずいてしまえばその後取り戻すのはゼロからのスタートよりも大変になってしまうかもしれません。是非、「最初が勝負」という感覚でやるべきことをしっかりやっていただきたいと思います。

では、
　新人の小林さん、
　初めて部下を持った上司の鈴木さん
二人のやり取りから、スタートのステージでは何が必要なのかを整理していきましょう。

部下の叫び

私には担当がないんですか？

「はじめまして、私があなたの上司になる主任の鈴木です。私は今月、主任になったばかりで、あなたが最初の部下なんです。よろしくね。」

私にとっては、新しい仕事、今日はその初日です。さあ、頑張ろう！　力をつけてバリバリ活躍できる人になろう、と張り切ってスタートをしました。

「はい。新人の小林です。よろしくお願いします。」

「あなたの席はここ。これからいろいろとやってもらうから頑張ってね。」

皆さんと同じデスクが準備されていました。一人前っぽくてやる気がまた湧いてきます。

「PCはこれを使って。専用だから。コピーはあそこ。デスクのキーはこれで。なんかあったらいつでも相談してね。」

「わかりました。ありがとうございます。」

面倒を見てくれることになった主任の鈴木さんはいろいろとオフィスの様子を丁寧に教えて

くれるし、とてもいい感じの人です。

「最初からいろいろ言ってもわからないと思うんで、少しずつね。私たちのグループは企画課の中で、食品の新商品の企画。企画課のメンバーは他にも飲料系の商品があって、みんな一人一人担当があって、調査をしたり、技術部と相談したり、営業の人たちの資料を作ったり、全部やらないといけないいんで大変だけど、まあ、任されている分、力はつくけどね。」

「はい。私も頑張ります。」

私の担当は何ですか、と聞こうと思ったとき。鈴木さんが言いました。

「小林さんはまだよくわからないと思うんで、いろいろとやってね。そのうちわかってくるから。特にまだ担当とか決めてないいんで。」

「えっ？」

先輩の桜井さんが新入社員のとき、「最初から担当があって、責任とやりがいを感じられて、本当にいい会社に入った」と言ってたんで、私も何を担当させてもらえるのか楽しみにしていました。ちょっと出鼻をくじかれた感じです。鈴木主任、いい人なんですけど、担当を決めてくれないいんですか？「これを担当することになった」って友達とか家族に言いたいいんですけど……。

上司のアクション その一

最初から役割を決めてあげる。

よく言われることですが、やはり、育成のためには「役割を与える」ということは、とてもとても大きな効果があります。ただ、ここのポイントは「最初から」というところです。

誰でも最初はやる気を持って「まずは仕事を憶えよう」「頑張ろう」と張り切ってやってくる人材です。せっかくやる気のある状態ですから、育成のためには大きなチャンスです。「最初から役割を決める」。これでロケットスタートできます。

「役割は無理だよ。だって新人は戦力としてカウントできないから。」

「とにかくいろいろ手伝っといてもらって、そのうち何かを任せようか。」

よくあるのはそんな発想ですが、ちょっともったいないスタートです。育成をするためには、「できるようになったら役割を与える」ではなく「役割を与えて早くできるようにする」とすることが考え方としてのポイントです。「育つのを待つ」ではなく「早く育てる」。それが重要な感覚です。役割を与えてしまって、負荷をかける。そんなアプローチです。

なぜ、それほど「役割を与える」ことが大きな意味を持つのでしょうか。これは、心理学的にも語りつくされていますし、何よりも私たち自身が自分自身の体験からこの効果を知っていると思います。

一つは、「責任を感じる」という状態にできること。心理学でいう外発的動機です。「あなたの役割はこれ」と言われれば、そこについてくる意味は「しっかりやりなさい」ということですから、自分自身「しっかり、やらねば」という気持ちにならざるを得ません。キャリアの最初から「責任を感じる」ができるようになることは本人にとって大きな資産になります。

もう一つは、「やりがいを感じる」こと。つまり、心理学でいう内発的動機です。「あなたの役割はこれ」の後に続くもう一つの意味は「あなたに任せた」です。しかも、「あなたはできるはずだから」という意味も当然ついてきます。すると、「任せてもらえたのか。頑張るぞ」という気持ちになるわけです。

そもそも、部下を任された時点で、組織に対しては、任された人材を組織にとって役に立つように使う、という責任があります。部下を「組織のためにこう活かします」という話をして、上司が「なるほど、オッケー」と言ってくれるような役割分担を考えなければいけません。一人の人材が加わったからこそ、強化できる仕事、今までできていなくてこれから始められる仕事、そんなことは何かということを考え、自分の役割、他のメンバーの役割、と振り分けてみるのです。

なかなかどのような役割を与えればいいのかわからないときは、ちょっと先をイメージするといいでしょう。結局は1か月、2か月たてばある程度の役割を果たしてもらわないと組織としては困りますので、そのころ果たしていてほしい役割のイメージをこの時点で描いてみる。そうすると適切な役割が定義できると思います。「役割はまだ果たせないけど、決めておく」というイメージです。

役割は組織図で見せるのが一番効果的です。他の人は他の役割を担っていて、自分だけがこの役割を担っている、ということを明確に伝えることができます。

担当、業務の目的、
主な業務、ポイントなどを
書き出してあげる

小林さん

業務の役割

担当	新商品、抹茶味シリーズの 商品企画と商品化
目的	2021 年内に競合と同等なシェアをとれる ラインアップを 2021 年 3 月に発売

[主な業務]
- 抹茶味商品の調査
- 抹茶味商品に対するユーザーのニーズ調査
- 商品の企画（コンセプト、製品、パッケージ）
- 技術部との調整
- 営業資料の準備

[重要なポイント]
- 調査の徹底
- 技術部、営業との密なコミュニケーション

2020 年 4 月 1 日
鈴木

部下の叫び

私は座っていればいいのでしょうか？

「じゃあ、いろいろとあると思うからここで仕事を始めておいて。なんかあったらいつでも言って。仕事に早く慣れるようにね。」

主任の鈴木さんはそう言いながら、部屋を出ていきました。

「はい。わかりました……」

聞こえたかどうかはわかりません。

残された私。「わかりました」とは言いましたが、困りました。

一体何をしたらいいのかわかりません。

まずは……もらった会社の資料を読んでおくことにしました。

そして、1時間、資料には一通り目を通しましたが、まだお昼にもなっていません。鈴木さんは出掛けたままです。周りの皆さんも、電話がかかってきたり、書類の準備をしていたり、何かの用事を済ませるためか部屋を出たり入ったりしています。皆さん本当に忙しそうです。

私は、そんな中、ポツンと机の前で、皆さんの忙しい様子を見ているだけです。何かあったら声をかけてと言われてはいますが、声をかける勇気は私には全くありません。皆さん大切な仕事をしているのでしょうから、邪魔をして最初から「面倒な奴だな」と思われたくもないですから。

そして、私の初日は終わりました。最後に主任の鈴木さんにも会えず、帰宅です。何もしないで座っているだけで一日が終わりました。完全に不完全燃焼です。新人といってもさすがにこれでいいのかと思います。やることがないというのがつらいのを始めて感じました。

明日もまた私は座っていればいいのでしょうか？　明日も同じような一日になるのでしょうか。考えただけでも気が重くなります。

上司のアクション その2

「一週間のスケジュール」を立ててあげる。

新しい職場に来たら最初は誰でも何がなんだかわかりません。特に新入社員であれば、別世界に来たわけですから、本当に右も左もわからない状態です。

「さあ、どうぞ。頑張ってください」と言われても、最初はもちろん何もできません。

(あんまり面倒みられないけど、自主性を身に着けてもらうためにはこれがいいかな。)

こんな理屈を聞くことがありますが、ちょっと変な話です。面倒をみないと自主性が身に着くということはなかなか考えられません。放置された部下は途方に暮れてしまいます。

そこで、新しい人材を部下として迎えるならやるべきこと、それは「部下の『一週間のスケジュール』を立ててあげる」ということです。

初日の朝から帰るまで、それをまずは一週間分です。

ポイントはその日の朝に「さあ今日はどうしよう」と言って決めるのではなく、前もって一週間分を決めておくことです。スケジュールを書類にしておいて、最初に本人に渡す。これが育成のロケットスタートです。

スケジュールの内容を決めるには、何点か重要な考え方があります。

まずは、自分自身ができるだけ時間をつぎ込むことを考えることです。これから重要な戦力に育てたい部下の大切な最初の一週間ですから、部下のために使う時間を重要なこととして優先して自分のスケジュールに入れておく必要があります。

一方、やはり自分自身がやるよりも、より的確に話をしてくれる担当者が周りにいますから、周りの人たちに協力を依頼するといいでしょう。重要な人物との顔合わせという効果もあります。

説明してもらうのは誰がいいのか、作業自体を見せてもらうには誰がいいのか。知っておくべきことは何なのか、誰に話をしてもらうのがいいのか。まずは項目立てをして、協力をお願いしながら、スケジュールを決めていく、という手順です。

資料を読み込む時間、課題を決めて情報を集める時間など、一人で作業をする時間ももちろんその中に組み込みます。

問題は新しい部下を任されても、今までの仕事が減るわけではないことです。自分自身がやらなければいけないことに振り回されてしまい、ついつい部下の面倒をみることが後回しになってしまいます。ですからポイントは前もって準備をしておくことです。
必要なことの項目立てはしっかりと考えなければいけませんし、協力者の都合もありますから、２週間以上前にはスケジュールが固まっている状態にするという日程感を持って取り組むといいと思います。

部下の立場で考えると、初めて職場に行って、初めて上司に会ったとき、最初の一週間のスケジュールが緻密に組んであることを知ったらどうでしょう。とてもうれしいということは容易に想像できると思います。「私のことを考えてくれているんだな」ということは確実に伝わります。

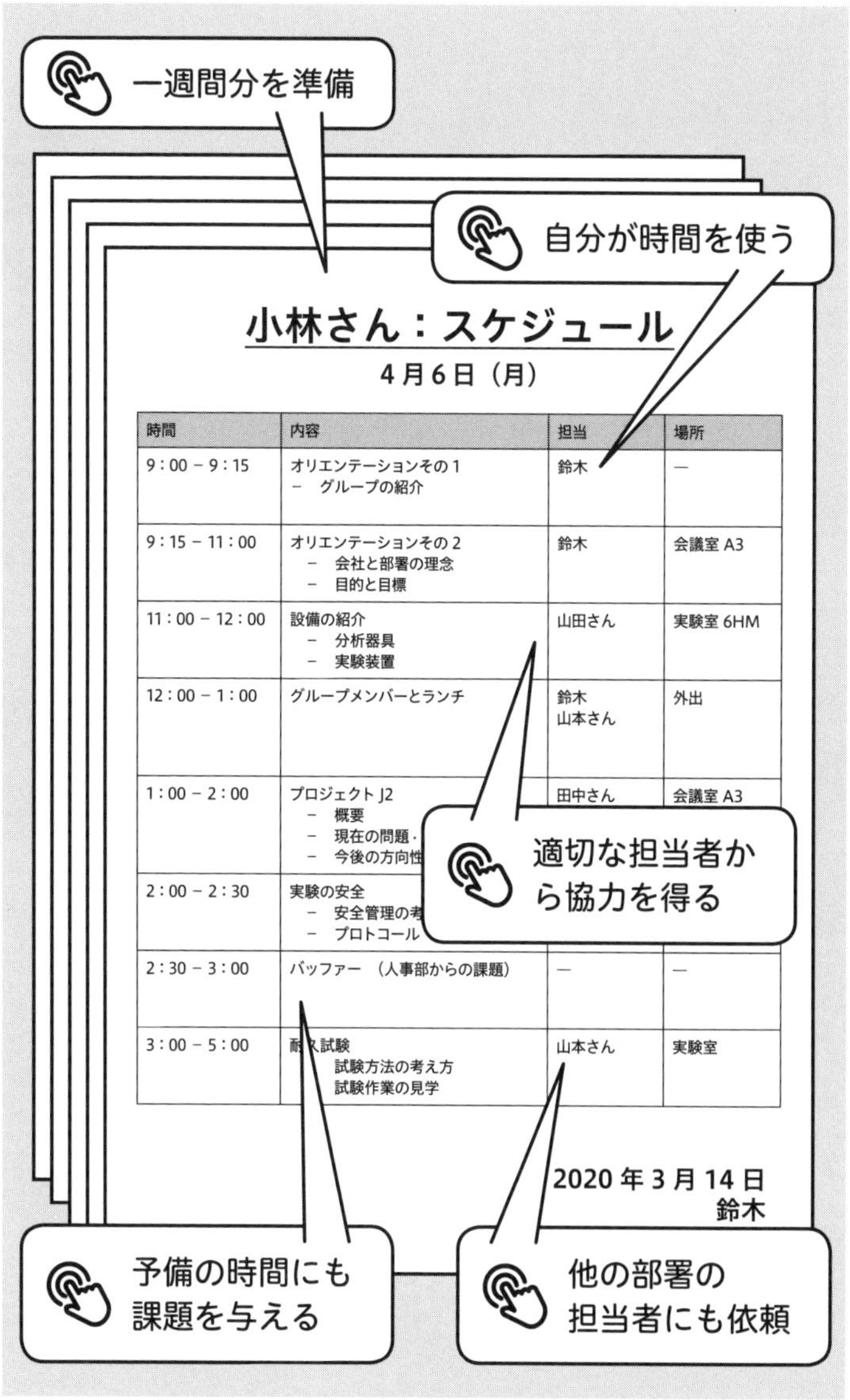

小林さん：スケジュール

4月6日（月）

時間	内容	担当	場所
9：00 – 9：15	オリエンテーションその1 – グループの紹介	鈴木	—
9：15 – 11：00	オリエンテーションその2 – 会社と部署の理念 – 目的と目標	鈴木	会議室 A3
11：00 – 12：00	設備の紹介 – 分析器具 – 実験装置	山田さん	実験室 6HM
12：00 – 1：00	グループメンバーとランチ	鈴木 山本さん	外出
1：00 – 2：00	プロジェクト J2 – 概要 – 現在の問題・ – 今後の方向性	田中さん	会議室 A3
2：00 – 2：30	実験の安全 – 安全管理の考 – プロトコール		
2：30 – 3：00	バッファー （人事部からの課題）	—	—
3：00 – 5：00	耐久試験 試験方法の考え方 試験作業の見学	山本さん	実験室

2020年3月14日
鈴木

部下の叫び

そんなこと、最初からできるわけありません！

「難しい仕事にどんどんチャレンジして力をつけてね」

主任の鈴木さんはそう言ってくれます。

私の担当ははっきりしました。抹茶味の商品の企画を作ることです。競争の激しいマーケットのようで、かなりいい商品のコンセプトができないと新商品としての意味がないということです。主任の鈴木さんももう一つの大きなカカオ味シリーズの企画をしています。さすが主任。てきぱきと情報を集めて、関係者を集め、企画をまとめているようです。

先週、鈴木さんに「一週間後に企画をまとめてみて」と言われました。

私がいつも答えるのは「わかりました。頑張ります」。

そうして、一週間がたちました。


「抹茶味の企画できた？」

「はい、よくわからなくて。でも、こんな感じでまとめました。どうでしょうか？」

「あっそう。ちょっと見せて。」

しばらくの沈黙。そして鈴木さん。

「企画になってないよね。任せてるんで、もっとどんどんやってくれていいから。私にできるんだから、小林さんにできないはずないでしょう。」

「え、でもよくわからなくて。」

「チャレンジよ。」


私は正直、途方に暮れました。チャレンジって言われても、そもそも企画ってどう考えたらいいかわからないですし。期待してもらってるのはわかるんですけど、そんなこと最初からできるわけありませんけど……私はこの仕事に才能ないんでしょうか。

上司のアクション その3

最初はセットアップした仕事を与える。

「責任を負わせて負荷をかけたいので。」

「部下にはチャレンジさせて、チャレンジ精神を持ってほしいですから。」

私もよく部下が思うより大きなことを役割として与えるということを積極的にやってきました。部下から「高田さんの無茶振り」という言い方が生まれたほどです。しかし、「無茶振り」には守らなければいけない明らかな原則があります。それは、「本人にできそうもないことをやらせない」というシンプルなことです。


例えば、組織として新しい商品を企画して発売をしなければいけないときに新人レベルの人材に「どんな企画が成功するのかを考えさせる」。これは全く無理な話です。そのような課題はおそらく、かなり経験のある専門スキルがなければどう考えていいかもわからないテーマです。最初からこのような難しすぎることを任せても本人は乗り越えられません。

部下を預かる立場としては、一人の人材が加わったわけですから、その一人の力を活かして組織のアウトプットを増やさないといけません。できないことをやらして何も生み出せていない、そんな状況は許されません。

では、どうしたらいいでしょう。それは、新人や新人レベルの人材にはセットアップした仕事を与えるということです。お膳立てをしてあげるイメージです。難しい部分はやっておいてあげて、しっかりとやれば確実にアウトプットにつながる状態で仕事を任せます。

今でも私は憶えています。社会人になって1年目、最初に新商品発売の役割を与えられました。「君が全体を進めていくんだぞ」と言われ、商品の発売に上層部の承認を得るための書類作りを任されました。この書類を通さないと新商品が発売できない、ということで大変なプレッシャーでしたが、上司からのフィードバックをもらいながら2週間ほどで完成させることができました。関連部署の役員からは、スムーズにサインをもらい、さらに「よく書けてるな」と褒められました。どれだけうれしかったことか。今にして思えば必要な情報は既に上司や先輩方が集めていた状態で、フォーマットも組織として決まっていたものです。私がやったのは、ただそれを整理して書類化することだけでしたが、大きなことを成し遂げ、さらに最後には褒められたわけですから、自分は結構すごいことができたんだ、という自信になり、その後の自分自身にとって重要な体験になったのは間違いないと思います。

考え方は、仕事のプロセスで難しい最初の部分から任せるのではなく、新人レベルの人材が進めることができる作業の要素の多い最後の部分を任せるということです。新しい人に何かを任せるというと、つい最初から任せてしまうこともありますが、業務の最初は不確定であり、新しいことを生み出さねばなりませんから、かなりレベルの高いチャレンジです。作業的な要素の多い最後の部分を担当させ、それができたら、次はより複雑で不確定な要素のあるその一歩手前からの仕事を体験させ、そのステップを繰り返す。

このやり方は、欧米の教育界で言われるバックワードチェイニングという手法と同じ考え方です。子供が着替えをできるようにさせるには、「さあ、今日から自分で着替えてみなさい」と言うのではなく、最初は服を脱ぐところを今まで通り手伝い、シャツの向きを正しくセットして手を入れさせ、そこから、「さあ、ここからは自分で着てみよう」と言って最後のステップを子供が自分でやる。そして、次の週は、シャツの向きをそろえるところから始める。後ろから前にと自分でやることを増やしていくというアプローチです。子供は、最後を自分でやるので、いつも「うまくできた」、という達成感のある体験が繰り返され、前向きな気持ちで自分ができることを増やしていくことができるというモデルです。

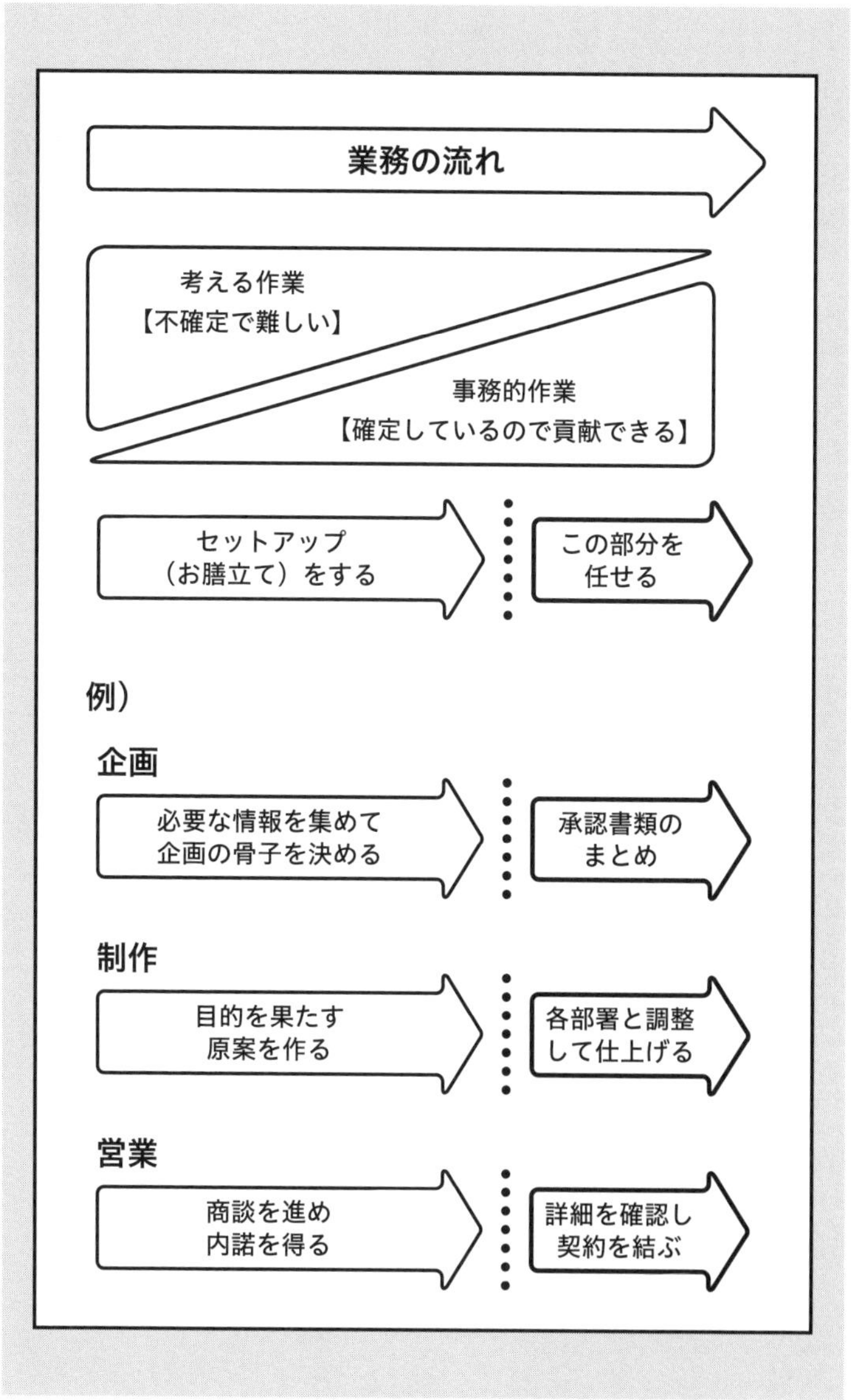
業務の流れ
考える作業
【不確定で難しい】
事務的作業
【確定しているので貢献できる】
セットアップ
（お膳立て）をする
この部分を
任せる
例）
企画
必要な情報を集めて
企画の骨子を決める
承認書類の
まとめ
制作
目的を果たす
原案を作る
各部署と調整
して仕上げる
営業
商談を進め
内諾を得る
詳細を確認し
契約を結ぶ

部下の叫び

誰が誰だかさっぱりわかりません！

「私の上司が大津係長。私たちの隣のグループの主任は高橋主任で、グループには本山さんと山本さん。大津係長の上司は石川課長。他の部署で一緒に仕事をするのは、製造の大木さんと松原さん、営業戦略の木田さん、高橋さんと島田さん。調査は高橋さんと安田さん。安全管理は宮本さん。憶えといてね。」

先週、どんな人と働くのか鈴木主任が一通り説明してくれて紹介もしてくれました。人の顔と名前を憶えるのは苦手なほうではないですけど、次に会うときに憶えていられるのか、いろいろな部署があってよくわからないというのが本当のところです。

今朝、電話が来ました。

「はじめまして。安田です。今後よろしくお願いします。鈴木さんから調査の予定があると聞きました。今週中に計画を見せてください。よろしくお願いします。」

もう一本電話がありました。

「宮本です。よろしくお願いします。安田さんから今週調査の計画を相談すると聞きました。私も参加しますので、情報の準備お願いします。」

さらにメールも一通。

「私も参加します。高橋梨花」

早速、鈴木主任をはじめ3人の方々と今週ミーティングをすることになりそうです。安田さんといえば調査の方だったと思います。いや、調査は高橋さんだった気もします。高橋さんは営業の高橋さんだったかもしれません。よく考えると、誰がどの部署の方なのか。

大ピンチです。どの部署の方だったかわからなかったら何を期待されていて、何を準備していいのかわかりません。

そこにまた電話です。

「山本ですけど、私も参加させてもらっていいですか。」

山本さんってどの部署だったでしょうか？　今や、「誰が誰だかさっぱりわかりません！」

上司のアクション その4

登場人物と役割を紙に書いて渡す。

新人レベルの人に担当してもらう仕事でも、10人くらいの人たちと直接かかわるような仕事になることは少なくありません。

慣れてしまえば、自分の仕事でかかわりのある人たち、20人や30人はもちろん頭に入った状態で誰でも仕事ができるようになりますから、「いずれわかるよ」を期待しておいても確かに何とかなるでしょう。

自分自身は既に長い間周りの方々と仕事をしてきているので、新しく来た人にとって初めて会う人ばかりの組織に入ったときにどれだけ「誰が誰だかわからない」という感じを持つかはかなり想像しにくい状態です。

もちろん、「誰が誰だかわからない」ということだと本人が困るのですが、業務を効率的に進めてもらわなければいけませんから、誰が誰なのかをわかるようにしてあげることはとても重要です。

上司として何をやるべきなのか、それは簡単です。登場人物のリスト二枚を紙に書いて渡してあげるだけのことです。

一枚は部署の中の登場人物です。毎日一緒に近くで働く仲間ですから、情報をシェアし合う、助け合うために、他の人が何をしているのかを知っている状態を確実に作っておいてあげたいということです。誰がどこに所属していて、誰が誰の上司かということは仕事を進めていく上で重要ですから、組織図で構造と担当を書き出してあげるといいでしょう。組織が使っている組織図をコピーして渡してもよければそれでいいですし、それができなければ手書きで組織の構造を書いてあげるといいと思います。

二枚目は他の部署です。名前、所属、役割はもちろんですが、こちらも同じように上下関係がある場合はそれを把握できるように書き出してあげるのもポイントの一つです。

また、書き出した紙を説明するとき、その人がどんな人物かという情報を足してあげると部下は助かると思います。もちろんネガティブな印象を与えるような情報はよくありません。逆に周りの人がネガティブにとらえることも、それなりの背景があることや、本人には意図がある、というようなことを話してあげると、いい関係を作ることをサポートできると思います。

さらに、逆に、他の部署の関係者に、「新しい部下なので、よろしくね」というお願いの根回しをしておくといいでしょう。どのような経緯で自分の部下になったのかなど話をしておくと、相手も親近感を持って部下に接してくれると思います。さらに、さらに、「ちょっと任せてみるから、協力をよろしくお願いします」というところまでの話ができれば、周りの人たちも育成の協力者になってくれるということですから心強い限りです。

繰り返しますが、ポイントは紙に書いてあいまいさのない情報の形で渡すことです。単純なことですが、部下が活躍するためには重要なことです。

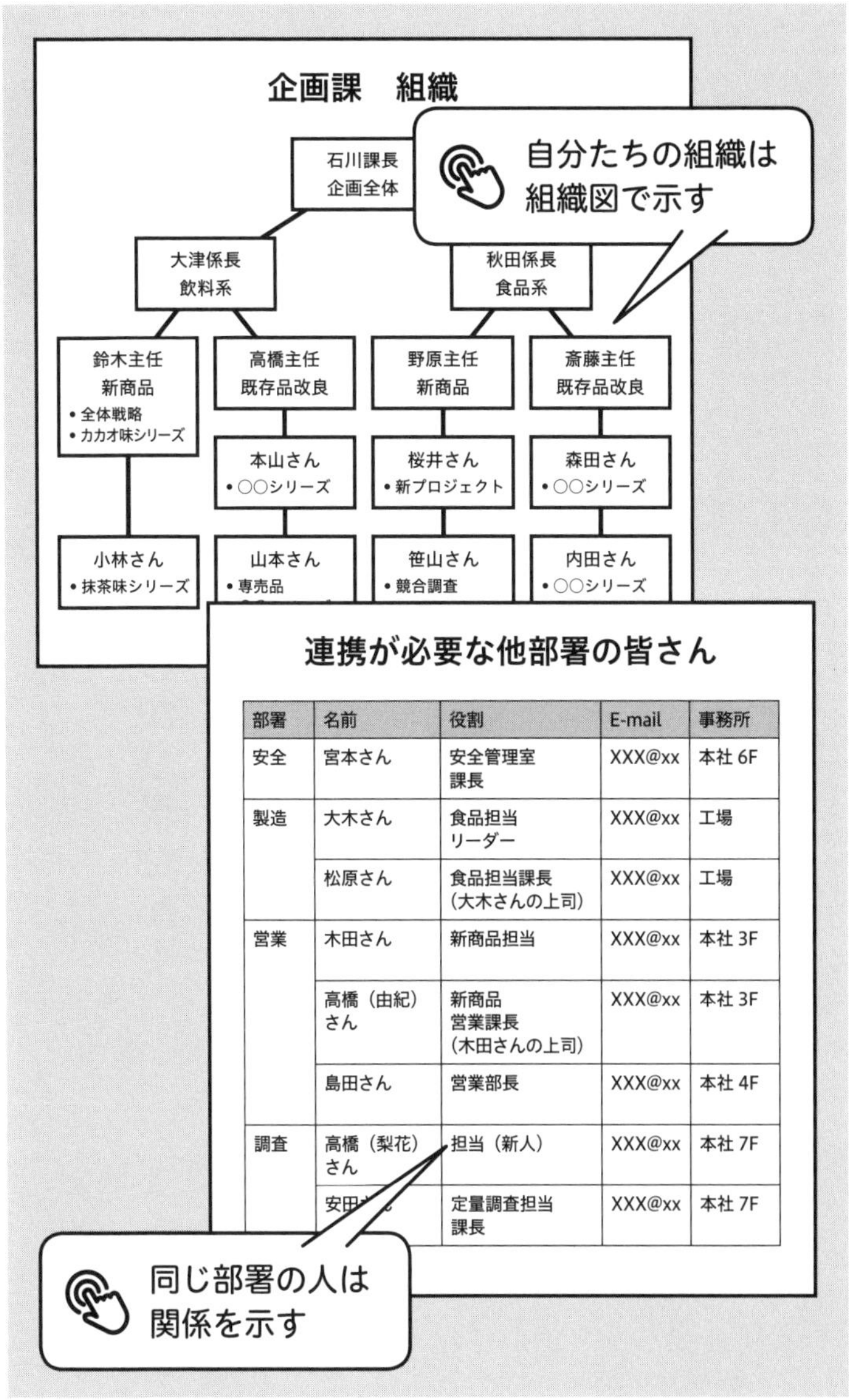

部署	名前	役割	E-mail	事務所
安全	宮本さん	安全管理室 課長	XXX@xx	本社 6F
製造	大木さん	食品担当 リーダー	XXX@xx	工場
	松原さん	食品担当課長（大木さんの上司）	XXX@xx	工場
営業	木田さん	新商品担当	XXX@xx	本社 3F
	高橋（由紀）さん	新商品 営業課長（木田さんの上司）	XXX@xx	本社 3F
	島田さん	営業部長	XXX@xx	本社 4F
調査	高橋（梨花）さん	担当（新人）	XXX@xx	本社 7F
	安田	定量調査担当 課長	XXX@xx	本社 7F

部下の叫び

一体何語？　全然意味がわかりません！

今日参加した鈴木主任と調査部のミーティング、録音しました。


「まずはB調査の件です。まだ決まってないのはPRの効果をどう測定するかですね。」

「そうです。インプレッションとBTRの関係をわかるようにしたいのですけど。」

「タグオンでいいんじゃない？」

「ターゲットのnが少ないですけど、オーバークオータ必要ですか？」

「まあ、ぎりぎり大丈夫でしょう？」

「では、5問いけますか？」

「大丈夫でしょう。ではこの部分のクエスショネアを明日までに送ってください。」

「それと、別件の課長が言っていた件ですが。」

「そもそも、それってクオリとクオンティどっちのこと？」

「クオリですね。目的は次回の開発のための消費者インサイトを見つけることですから。」

「それならＦＧＩより１‐on‐１を薦めてるんだけど。」

「なぜですか？」

「ＦＧＩはすぐ、ＭｅｅＴｏｏになるからね。」

「そうですね。わかりました。ではその方向で来週決めさせてください。」

「プロジェクトのＯＧＳＭ書いてね。」

「小林さん、じゃあ、安田さんとフォローアップしてね。」


ああ、やはり、録音を聞き返しても全く意味がわかりません。

Ｂ調査、インプレッション、ＢＴＲ、タグオン、オーバークオータ、クエスショネア、クオリとクオンティティ、インサイト、ＦＧＩ、１‐on‐１。ＭｅｅＴｏｏはわかるけど、ＯＧＳＭ？

一体これは何語ですか？　全然意味がわかりません！

上司のアクション その5

職場の用語集を作ってあげる。

さすがに、言葉がわからなければ仕事になりません。新しい職場に行くということは外国語をしゃべっている世界に行くのと同じことです。しかも、仕事ですから重要なところがわからないと困ります。

わからない言葉は聞けばいいのですが、どうでしょう、言うは易しです。私は今でも思いますが、周りの人が話している言葉を「わからない」と言うにはかなりの勇気が必要です。

「そんなことも知らないのか。」

「勉強してないよね。」

こんな反応が頭をよぎります。

また、新人は知らないことばかりなので、全てを質問することも難しいでしょう。

まずは、業界用語や専門用語というものがあります。この領域の言葉は業界の情報を集め、専門的な勉強をすればほとんど理解することができます。確かに業界用語や専門用語はインターネットで調べればわかるわけですから、本人に努力させるべきかもしれません。

ただし、育成者の役割は、担当した部下を早く成長させることですから、必要な言葉は教えてあげるべきです。

もっと厄介なのは、インターネットでは絶対にわからない、調べようのない、組織の独自の言い回しや独自で使う言葉です。一つ一つの組織には、そんな言葉が必ず存在します。

これこそ、教えてもらわないといつになっても絶対に意味を把握することができません。

「仕事してるんだから、そんなこと早くわかるようになれ。」

これは、全く無理な話です。調べる方法がないのですから。

私が働いていたP&Gでは略語を多用しますので、最初は本当に何のことを言っているのか全くわからず、大変苦労したことを憶えています。

そこで、大活躍するのが職場の用語集です。これを部下に作ってあげましょう。登場人物のリストと同じ大変基本的なことですので、部下にとってはとても助かるものです。作るのは、「職場用語の基礎知識」のような簡単な辞書のようなものです。略語なら、まずはそのもともとの言葉、言葉の意味、そして、その言葉が使われるときに理解しておくべき簡単な説明や背景情報を入れておきます。

組織の用語集ですので、自分一人で作る必要はありません。周りの人を巻き込むといいでしょう。一度作ると、実は2年目、3年目の人たちもよくわかっていない言葉があったことがわかったりと、組織にはとても役に立つものになり、きっと多くの人から喜ばれます。

少しずつ仕事の仕方も内容も変わっていきますので、一度作った用語集は毎年、項目の追加や内容の更新をしていく必要がありますが、一度作れば次からは簡単な作業になります。

略語は何の略か。
簡単な説明を入れておく

企画部　用語集

用語	意味・解説
FGI	フォーカス・グループ・インタビュー。グループ形式のインタビュー。対象者同士の盛り上がりで生み出されることを期待する場合に使う。
1-on-1	1 対 1 のインタビュー調査。一人一人の心理に迫れる。
MeeToo 効果	FGI などグループのインタビュー時に一人の発言に残りの参加者がつられて「私も」という傾向が強いこと。
クオリ	クオリテイティブ調査。質的調査。理解を深めるためにインタビュー形式などで情報を獲得する調査。5 人から 12 人程度で実施することが多い。
クオンティ	クオンティテイティブ調査。量的調査。マーケットの状況やターゲットの生活、意識などを量的に把握する調査。有意差検定をするので最低 50 人、典型的には 200 人を対象にする。
S	有意差（シグニフィカンス）。クオンティ調査で 2 つの結果の差が誤差ではないことを統計的に証明された特定の確率で意味があるといえる差。
n	データの数。n=100 は 100 人のデータであるということを意味する。
オーバークオータ	クオンティ調査において、対象者の数が割合的に少なすぎて結果が正確に取れないときにそのターゲットを実際の割合以上に増やしておくこと。
リクルート	調査対象者を集めること。

部下の叫び

具体的には何をしたらいいのでしょうか？

先週の初め、上司の鈴木さんに抹茶味の商品の企画について会社は何をやりたいのか、どんな商品のイメージなのか説明をしてもらいました。

今朝、鈴木さんに声をかけられました。

「抹茶味の商品、競合他社の分析、進んでいる？」

「あ、はい。頑張っています。」

やる気のあるところを見せなければいけないので、調子のいい感じで返しました。

先週の初めから今日まで、とりあえず、何件かお店を回って、他の企業が出している商品を買ってきました。商品を集めておくのはいいと思うのですが、それをどうしたらいいのか、考えなければいけません。今朝も鈴木さんが言っていましたが、私がやらなければいけないのは「他社の分析」です。午前中は、とりあえず一通り商品のパッケージに書いてあることを見ました。

そして、お昼から外出をしている鈴木さんからさっきメッセージが入りました。

「競合の分析、あさっての課長との週次ミーティングで報告したいので、準備を頼むね。」

「あさって？　えー！」。そんなにすぐにやらなければいけないことだったとは思ってもいませんでした。

「準備？」「何を準備？」

何か残っていればいいと思って、鈴木さんと話をしたときのメモを見ました。

―競合他社と比較　しっかりまとめる
「比較？」「しっかりまとめる？」

顔面蒼白です。一体、具体的には何を準備したらいいのか全くわかりません！

上司のアクション その6

「期日」と「期待するアウトプット」を明確にしてあげる。

「できる人は期日を決める」。よく言われることです。

特定の期日がないと、どうしてもだらだらしてしまうので、自分をコントロールするために自分で期日を決めることが成果を生み出すためには重要である、という話です。

自分自身で「期日を決める」という習慣はつけてもらいたいことではありますが、育成の観点では、上司が「期日を明確にしてあげる」ということが大変重要なことです。

業務の経験を積んでいくと、「この作業はこのくらいの時間をかけてする」「この仕事を上司はだいたいこのくらいの期間でこのくらいのことをやれと言っている」という感覚を持てるようになります。まさに経験を積んでつかんだ感覚ですから、新入社員レベルの部下にはこの感覚はありません。

　また、自分がやっている仕事は全体の業務の流れの中で、どんな位置づけなのか、それがどう使われるものなのか、そんなこともイメージできていません。その仕事のアウトプットがいつまでに必要なのかのイメージも全くないわけです。

「来週の木曜日に課長に見せたいから、来週の水曜日3時から作った書類を確認しよう。」

　こんな風に、期日となぜその期日なのかを明確にしてあげることです。

　さらに、重要なポイントは、「何を生み出さなければいけないか」を明確にしてあげることです。これも経験値で、「その仕事をすませる」とは「何をすることか」を経験のある上司自身は頭の中でわかっていますが、経験のない新人レベルの部下はわかっていません。

「何を持ってくるかも自分で決めろ。」

　こんな発想で部下に負荷をかけることもある時点では必要ですが、最初の段階では、自由度の高すぎる仕事の与え方は、部下が何をやったらいいかわからず業務が進みませんし、部下は困るだけで、育成にもなりません。このステージで重要なのは、「こういうときには、こういうことをするのか」ということをつかませることですから、具体的にどのようなことをしなければいけないかを見せておかなければなりません。

例えば、「競合との比較」を部下にさせるとすると、自分が一枚の書類にまとめるにはどのようなレイアウトでどのような情報を入れ込むのか、そのイメージをしっかりもってから、部下にそのイメージを説明して、その仕事を任せる。このようなパターンで仕事を与える、ということです。

そうするためには、まるで自分がその仕事をするつもりになって考えなければいけないので、上司である自分には確かに負担にはなります。ただ、これこそが育成のためにエネルギーを使う、ということですから、しっかり毎回やっておきたいことです。

「やって」と言っても部下はいつまでに何をするのかわかりません。途方に暮れて時間を無駄にするだけ。そんな前提を置ければ、このステージの育成はうまくいきます。

部下が困る あいまいな指示

競合との比較表を作っといて。

アウトプットのイメージを書いてあげる

部下が動ける 具体的な指示

＊何をアウトプット
＊いつまでに
を明確にする

競合との比較表を作っといて

イメージはこんな感じ。全体を表にして、横に他社商品のAとB、C、D、一番右に自社商品。パッケージの写真を入れて、縦に、メーカー、シェア、価格、サイズ、発売日、パッケージの訴求点。

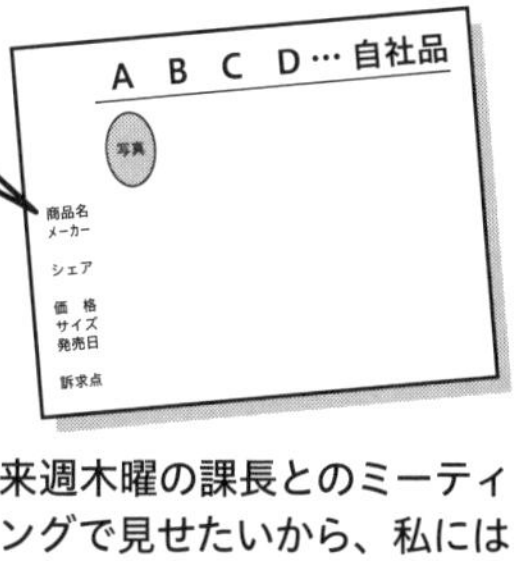

来週木曜の課長とのミーティングで見せたいから、私には水曜に見せて。時間を決めておこう。3時から3時半で

部下の叫び

一通り見せてもらいましたが、やれる気がしません。

「これから小林さんがやらなければいけないこと、どうやるか私がやるところを見せるからよく見ておいて。同じことをやってくれればいいだけだから。」

「わかりました。ありがとうございます。」

上司の鈴木さんは本当に面倒をよくみてくれるやさしい方です。

「パッケージを選んでOKかをチェックする作業ね。」

「わかりました。前におっしゃっていた、私が来週やらなければいけないことですね。」

「そうね。じゃあ……まずは、だいたい中身と量で、どのタイプのどのサイズのパッケージかが決まるでしょ。うちの会社で使っているパッケージの中から選んで。これと、これと、これだね。この3つをテストしてみて、どれがいいか決める作業だからね。」

なるほど。鈴木さんは何種類もある中から3つ候補を選びました。このへんかな、って言って選んでくれました。下から見たりしてたから、何か下の部分の形が大切なのでしょうか？　大きさも違うから大きさでしょうか。経験がものをいうところなんでしょうか。

「で、この3種類で、サンプルを作って、チェックをするから。」

さすが鈴木さんです。試作品室で、サンプルをさっと作ってしまいました。

「これでチェックするから、見といて。いつもこれが必要なんで。」

鈴木さん、試作品を縦に振ったり、横に振ったり、そして中身を取り出して、紙の上に広げて見ています。割れ具合を見ているのでしょう。

「えーと、この2つはOKかな。これで、あとはこの2つを品質管理部にテストしてもらえばいいんでね。」

「こんな感じだから。大丈夫？　来週、自分の商品でやってもらうんだけど、できそう？」

「はい、まあ……」

とは言いましたが、できる気はしません……どうしましょう。

上司のアクション その7

手順を書き出し、説明する。

「自分がやるところを見せる。」「作業を見せて学ばせる。」

新人レベルの人材が仕事を始められるようになるために、これはほとんどの人がやらなければいけないという意識を持っていることだと思います。確かにとても重要なことですが、ここでポイントになるのは「見せるだけ」で大丈夫なのか、ということです。

結論として、見せることで学ばせる、というアプローチは今の時代のスピード感に全くついていけません。特別優秀な人材であれば、作業の様子を見ているだけで、手順を憶え、多くのことをくみ取って、重要なことを把握することができるかもしれません。しかし、普通はそうではなく、見せるだけだと、何度も見せなくてはならないでしょうし、何度も違うことをやってしまうでしょう。

この最初のステージでは、学び取ることに期待するよりも、まずは必要なことを効果的に教えなければなりません。効果的なのは、やはり、紙に書き出して渡すこと、そして、説明をする、ということです。

やって見せる前に、またはやって見せながら、これはどんな位置づけの作業なのか、基本的な考え方は何なのか、どんな手順か、どうしてその手順なのか、その手順の中でのポイントは何なのか、など、本人が理解しておくべきことを丁寧に説明する必要があります。特に、判断が必要なところは、何を基準にどう判断するかをしっかりと書いて教えてあげるという意識がいるでしょう。

これはまさによくできた「作業マニュアル」、よくできた「作業手順書」のことです。

体制が整っている組織であれば、既に手元にあるかもしれません。マニュアルに沿って、丁寧に説明をしながら、マニュアルに書いていない重要な説明を付け加えながら作業を見せるといいでしょう。

もし、まだ書き出されたマニュアルがないのであれば、まさにこの機会にマニュアルを作るという作業をすると、次の新人や異動をしてきた人材にも使えるものができ、組織の育成の体制を作ることができます。

作業をしているところを見せながら、説明をして、それを本人に書類化させてみる、ということも理解を深めるためにはいい方法かもしれません。

繰り返しになりますが、このステージで大切なことは「しっかりと教える」ということです。確かに、手間のかかることではありますが、育成者である自分が面倒くさがると、このステージの育成はうまくいきません。是非、頑張りましょう。

背中を見せるだけではなく説明をする

- 手順書を必ず準備。
- 目的、重要なポイント、手順を明確にし、なぜそうするのか、なぜそうなのか、を説明する。
- 書き出しきれてないことも含め丁寧に。

手順：パッケージのスクリーニング

目的：新商品のパッケージの形状として、品質管理の「内容保護」の評価手順に進めるパッケージを選ぶ

重要なポイント
- 通常は自社で使っているパッケージから候補を選ぶ（工場のパッキングラインに載せられるため）
- 3、4 種類をスクリーニングして、品質管理に 2 種類の評価を依頼する（2 種類は、確実性の高いものと、コストや訴求力の点で、評価をしてみたいもの）。

手順
1. 資材サンプル室にあるサンプルの中から 3、4 種類を選ぶ
   ＊候補は内容 +10%（お客様がパッケージを大きすぎないと思うサイズ）、−10%（パッキングラインの許容レベル）の範囲の中から選ぶ
   ＊底は、幅が対応する現行品と同じもの（店舗で棚替えの問題を起こさないため）
2. 施策室でそれぞれ 5 個のサンプルを作る
   ＊内容物は実際に工場で作ったもの
   ＊シール貼りは各パッケージの手順書を見て行う（市販時の状態と同じにするため）
3. 試作品に振動を与え、内容物への影響を評価する
   ＊振動の与え方は手順書 2012 に従う
   ＊評価は手順書 2012 に従いながら：
   - 形状が維持できていないものが 10% 以内をスクリーニング OK とする
   - 20% 以内のものは品質管理の評価の候補とする

上司だって叫びたい／上司 心の叫び

自分で力をつけようと思っているのでしょうか!?

新入社員の小林さん、とってもいい子ですし、頑張ってくれているんですけど、なんかちょっと受け身なのがどうかと思います。

私も上司ですから、一生懸命いろいろと教えているんですが、真剣に身に着けようとしている感じもしないですし。

この前は「それはまだ教えてもらっていません！」って開き直ってました。

まだ、学生の気分で、教えてもらうのが当たり前、みたいな感覚なのでしょうか。私は新入社員のときにもっと頑張りましたから、これだけ面倒みてもらって、私には理解できません！

厳しいことを言うとパワハラと言われるので言ってませんけど、本当に力をつけようと思っているのでしょうか!?

上司のアクション その8

「自分の成長は自分の責任！」と突き放す。

部下として育成する人材はまさに様々です。中には、とても甘い考え方を持っている人材もいます。全てが受け身で、上司が自分を助けてくれる、と思っている人材もいます。それではさすがに社会人として十分な成長はできません。パワハラはいけません。ただ、しっかりと伝えるべきことを伝えておくことは絶対に必要です。

ポイントは「わかるよね」とあいまいにするのではなく、はっきりと「自分の成長は自分の責任です」と伝えることです。私は社会人初日、「自分が上司だから、君の育成を一生懸命やるけれど、結局君が力をつけるかどうかは君の責任だから」と言われ、意識がガラッと変わったことを憶えています。その後、全ての部下に同じことを初日に言いました。

姿勢をセットさせるということが目的なので、最初の最初にしっかりと伝えておくことです。部下のマインドセットが自身が成長できる土台になるよう、ある程度、突き放しましょう。

Level. 2

Technical Trainer Stage

テクニカル・トレーナー・ステージ

部下に基本の力をつけさせる

部下に基本の力をつけさせる

部下を軌道に乗せたら、次は部下に基本的な力をつけさせることに取り組むステージです。

ここまでは、「業務がわかるように」ということがテーマでしたので、やってあげることが続きました。このステージでも最初に「何を身に着けなければいけないか」を教えてあげなければいけませんが、そのあとは訓練です。

部下を訓練させるために、育成者である自分が機械のように同じことを繰り返し言う。繰り返し訓練させる。育成者である自分がやるべきことはこんな簡単なことですが、同じことを繰り返す自分にも根気が必要です。

「もう教えたから」と一度や二度話をしただけでは基本的な力は身に着きません。「しっかりやれと言ったから」というだけでは部下は十分な訓練をしません。

仕事力の訓練は筋トレと一緒です。筋トレすれば筋肉はつきますし、しなければ筋肉はつきません。仕事力の訓練をすれば仕事力はつきますし、訓練をしなければつきません。

育成は何といっても基本を身に着けさせることが重要です。このステージをしっかりやってあげれば、その先の育成ステージにも確実に進んでいけるでしょうし、将来別の上司についたり、別の部署で仕事をするようになったりしても仕事がしっかりできる人材になることができます。

とは言っても、「自分自身今まで基本的な仕事力をつけることをあまり意識してこなかった」ということもあると思います。

心配は要りません。今までの経験でいろいろなことを自分なりにやってきたと思いますので、部下の基礎力の育成に徹底的に取り組みながら、自分自身も基礎力をもう一度訓練し直すつもりでやっていけばいいでしょう。

まさに「教えることは、自分が学ぶこと」です。部下を育成し、自分も育成。自分のこれからのキャリアにとってもとてもいいことですから、是非、力を入れてやってください。

部下の叫び

部署の専門力って、何を身に着けたらいいのでしょうか！

石川課長が部署全体会議で言っていました。

「商品企画部はみんな頑張ってくれてますが、他社との競争はどんどん激しくなってきていますから、部署としてもっと力をつけなければいけません。我々の力が会社の競争力になります。一人一人が部署の専門力を高めることを徹底してやってもらいたいと思います。いいでしょうか？　若い人たちも、自分はまだまだ、とか思わないでしっかりと専門力をつけてください。」

部署の「専門力」です。商品企画の部署に配属になったので商品企画の部署で活躍する力ということなのはわかります。ただ、商品企画の専門力っていうのが一体どんなことなのかわかりません。

かなり仕事の進め方には慣れてきています。経費の処理の仕方とかはできるようになりました。でも、こんなことではないですよね。商品企画の専門力ですから。

勉強して力をつけたいと思っているのですが、何をどう勉強して、力をつけていったらいいのでしょうか？　本は何冊か読んだんですけど、ちょっとぴんときてません。

上司の鈴木さんに聞いてみました。

「商品企画の専門力って、何を身に着けたらいいんですか？」

鈴木さんには、

「仕事をしてもらいながら必要なことを身に着けてもらおうと思っているから、いろいろと経験していって、一つ一つ身に着けていけばいいと思うよ。だんだんわかるから大丈夫だよ。」

と言われました。

うーん、ちっとも大丈夫ではありません。ちょっとやる気はあるのですが、何を身に着ける努力をしたらいいのか全くわからないんですけど、これでいいのでしょうか。

上司のアクション その9

部署で必要な専門力をリスト化して渡す。

皆さんの部署では、部署の責任と役割を果たすために身に着けなければいけない力は書き出されているでしょうか。

商品企画部なら商品企画の部署責任を果たすために身に着けるべき専門力は何なのか?
営業本部なら営業本部の部署責任を果たすために身に着けるべき専門力は何なのか?

それぞれの部署で活躍するには、その部署の役割と責任を果たすための専門力を身に着けなければいけません。そしてそのためにはまず、その部署の専門力が何なのかの項目を立て、これをしっかりとまとめてあげて部下に渡してあげることです。

既に誰かが作ったリストがあれば、内容を確認して、必要であればアップデートすればいいでしょう。なければ、是非、まとめてください。何を教えなければいけないかを明確にするためにも必ず自分にも必要です。是非、上司や同僚と内容を確認して、部署として一つ共通のものを準備してください。

そもそも、専門力を高めることが重要だという認識をしているでしょうか？

「うちは専門力というよりジェネラリストの方針だからあまり関係なさそうです。ローテーションですから。」

こんな声が聞こえてきます。これでいいのでしょうか？　これではまるで、「大した力がなくてもうちはやっていけるんだよ」と言っているのと等しいのです。部署の役割の専門力は会社としては絶対に必要で、これがなければ競争に勝っていけません。誰もマーケティングを優れたレベルでやることができないということになりますし、誰も営業の専門力がなく、誰も商品企画の専門力がない、ということになってしまいます。

ローテーションをするのは、様々な部署の役割を把握していくことで、将来会社全体のことを考えられる人材になってほしいということではないでしょうか。ならば、限られた時間にその部署の専門力を身に着けようという意識を持つ必要があるでしょう。

ジェネラリスト的な役割が必要なビジネス・部署ももちろんあるのですが、ジェネラリストは専門力がなくていい、ということではなく、ジェネラリストとして役割を果たす専門力が要るということです。幅広く全体をとらえて総合的な判断をする、これはかなりの専門力です。

組織のサイズによって、部署力としてカバーする幅が違います。小さい組織であれば、一つの小さなグループがより幅広い役割を担いますし、巨大な組織では部署が細分化されています。だからこそ、書き出して明確にするという作業が必要だということです。

企業として各部署の専門力は決定的に重要なことです。同じことをやっている競合他社の担当者と比べて優れた仕事をする力を持っていれば企業としての強みになりますし、逆ならば弱みです。

部下に専門力をつける大切さを伝え、「この力をこれからつけていきなさい」という全体像を見せること、そして、他の会社で同じことをやっている人たちと自分を比べ、自分が負けないようにしていくことの大切さを教える。これは大変有効な育成のアクションになるはずです。

部署の専門力

- フォーマットは何でもいいが、項目立てする。
- 項目が頭に入っている状態にする。

商品企画部　部署専門力

1. 調査・消費者理解力

必要なユーザー情報を集め理解を形式知化する力

＊ 質的調査
＊ 量的調査
＊ モデリング
＊ セグメンテーション

2. 商品設計力

訴求力・競争力のある商品をブランド戦略に基づいて企画する力

＊ コンセプト開発
＊ 体験の設計

3. 技術応用力

企画した商品を技術的に実現する力

＊ 配合技術
＊ 試作品製作
＊ 官能検査

4. プロジェクトマネジメント力

企画した商品を発売するまでのプロセスを管理・運営する力

＊ 承認プロセス管理
＊ 他部署連携

2020 年 5 月 15 日
鈴木

部下の叫び

社会人として必要な力をつけろと言われても……

企画課のトップ、石川課長と今日はランチです。石川課長とはいつも挨拶程度なので緊張します。席に着いたら、早速です。


「小林さん、頑張ってるか？　鈴木さんにしっかりといろいろ教えてもらってるか？」

「はい。本当に親切に教えていただいています。」

「教えてもらうんだけど、受け身にならないで、自分で学ぼうという意識が大事だからね。」

「はい。前に、鈴木さんに、自分の成長には自分が責任を持つように、と言われています。」

「それはよかった。新しく社会に出た人は、社会人としての基本力をしっかりと意識して力をつけていくことが重要だからね。」

「はい。頑張ります。」

「で、今までどんな力をつけた？」

「企画の承認をもらう書類の書き方はわかりましたし、経費のこともちゃんと処理できるようになりました。」

「ああ、それはよかった。で、どんな力をつけられたと感じる？」

「業務の流れもわかりました。」

「ああ、それはよかったけど、僕が聞きたいのは、どんな力を今までにつけてきたか、ということなんだけど……。」

これはまずいです。課長と会話がかみ合っていません。私の答えは答えになっていないようです。

「確かに、業務を憶えたり、作業を憶えたっていうことは必要だし、いいことだけど、社会人として組織で仕事をするために必要な力をしっかり今からつけていかなければいけないよ。次回のランチでまた聞くから。ちゃんと力をつけるんだよ。」

今まで、頑張って仕事を憶えてきたつもりでしたが、課長は違うことを言っているようです。社会人として必要な力って、一体何のことなんでしょう？

上司のアクション その10

「必要な基礎力」を部下の机の前に貼らせる。

経済産業省が「社会人基礎力」というものをまとめています。

その名の通り、社会の中で必要な基礎力は何かを項目立てしたものです。日本の大学教育では専門的な知識は教えるが、社会から見たときの人材力、つまり社会の中で活躍するために必要なスキルを身に着ける機会がない状況であった、というのが大きな背景で、何が必要であるかをまとめた、という取り組みです。

その内容、つまり社会人基礎力の項目は大きく3点にまとめられています。

＊前に踏み出す力（主体性、働きかけ力、実行力）

＊考え抜く力（課題発見力、計画力、創造力）

＊チームで働く力（発信力、傾聴力、柔軟性、情況把握力、規律性、ストレスコントロール力）

あまり注目されていない感じがありますが、様々な大学でこの社会人基礎力を学生時代に育成する取り組みを始めているそうです。

私はこの議論に入っていたわけではありませんので、この活動を推進する立場ではないのですが、このような重要なことがあまり企業の側で活用されていないことが大変残念だと思っています。

どんな仕事であっても、組織の中で活躍するには基本的な力をつけていかなければなりません。しかし問題は、

「しっかり力をつけなさい。」「はい。わかりました。頑張ります。」

という会話になってしまうことです。

若い子たちは頑張るつもりはとてもあるのですが、何を身に着けることが必要なのかを教えてもらう機会がないと、何を努力したらいいかもわかりません。育成のために重要なことは、身に着けるべき必要な力をまずは項目立てしてあげることです。

項目立ては、世界中の誰がどうまとめても、だいたいは同じになるはずだと私は思います。そのくらい、組織で効果的に働くための力というものは、実は決まっています。ただし、組織の文化、強調したいこと、などで少々細かいところが違ってきますので、自分たちの組織に合ったも

のを使うことが重要です。人材育成を重要と考えている組織では、既に項目立てがされているでしょう。コンピテンシーモデルと呼ばれていたり、評価の項目として存在していると思います。

左ページに私がいろいろな組織に紹介し活用をお勧めしている項目を紹介します。経済産業省は「基礎の基礎」という発想で項目立てしてまとめていますが、私はもう少し「活躍する」ためにという発想で項目立てをしています。手元に自分の組織の項目立てがなければ、活用してください。

部下には、自分の力をつけていくための第一歩として、まずは、項目立てしたシートをプリントアウトして、自分の机の前に貼らせます。それを一日に何度も見させて項目を憶えることをさせます。

学校の科目であれば「国語、算数、理科、社会」と小学生から科目を憶えていきます。憶えていくから、「私は国語が得意だけれども、理科が苦手なので、もうちょっと理科を頑張らなきゃ」という意識を毎日持って勉強ができるわけです。基礎力も学校の「科目」のように項目が頭に入っていれば、自分はどの領域の力がついてきて、どの領域をもっと意識して頑張らなければいけないのか、という具体的な努力ができるようになるのです。

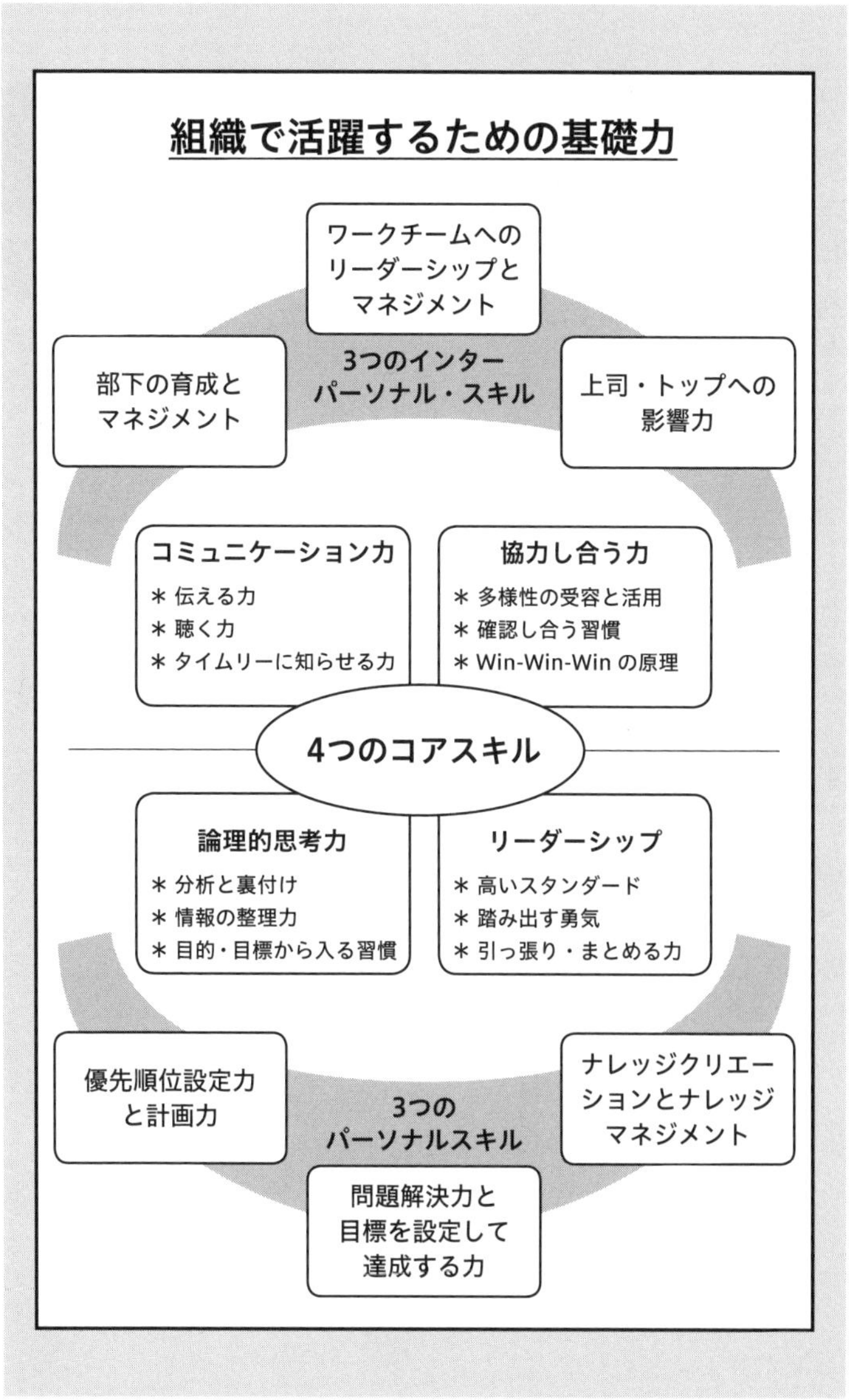
組織で活躍するための基礎力
ワークチームへのリーダーシップとマネジメント
部下の育成とマネジメント
3つのインターパーソナル・スキル
上司・トップへの影響力
コミュニケーション力
＊伝える力
＊聴く力
＊タイムリーに知らせる力
協力し合う力
＊多様性の受容と活用
＊確認し合う習慣
＊Win-Win-Winの原理
4つのコアスキル
論理的思考力
＊分析と裏付け
＊情報の整理力
＊目的・目標から入る習慣
リーダーシップ
＊高いスタンダード
＊踏み出す勇気
＊引っ張り・まとめる力
優先順位設定力と計画力
3つのパーソナルスキル
ナレッジクリエーションとナレッジマネジメント
問題解決力と目標を設定して達成する力

部下の叫び

「論理的に」なんて難しすぎます！

大津係長に今回の企画の説明に行ったときのことです。

「小林さんの企画は、論理的ではないなあ。もうちょっとしっかり考えてほしいなあ。」

「はい……」

「商品のラインアップ、今のマーケットの環境を反映させているって言ってるけど、なぜ、これになるのかわからないなあ。」

「これがいいと思うんですが……」

「なんで？」

「いろいろと考えたのですが、やっぱりこれがいいと思って。」

「なんで？」

「主任からもＯＫをいただいたので、これでいいと思ったのですが。」

「そもそも、マーケットの状況をどう把握してる？　で、何が我々の成功のポイントだと？」

さすがに、まずいと思ったのか、ここで鈴木さんが助け船を出してくれて、説明をしてくれました。鈴木さんの説明で係長は簡単にＯＫを出してくれました。

その日、鈴木さんから言われたのは、

「小林さん、論理的に仕事をする力をつけよう。まずは、論理的にすることを徹底的にやろう。」

「はい。そうします。もともと論理的なほうではないので、勉強します。」

論理的にというのは私がとても苦手意識を持っていることです。ただ、勉強しないといけないのでスマホで本を探しました。「コンサルタントのロジカルシンキング」というタイトルの本。どれがいいのかよくわかりませんでしたが、とりあえずこれをダウンロードして読んでみています。

読み始めて３日ですが、読んでもなんか難しすぎます。論理には演繹法と帰納法があるとか。私が論理的に仕事をできるようになるなんてもう想像ができません。

ちょっと私には難しすぎます。私は別の路線でいくしかないでしょうか？

上司のアクション その11

「なぜ」を必ず言わせる。「結論」を必ず言わせる。

「論理的に考える力をつけさせる」ということは育成上、大変重要な基本です。なぜなら、論理的でなければ、やることを決めても目的は果たせませんし、論理的でなければ人に説明をしたり、納得させたりすることができないからです。

「論理的に」と言うと、とても難しいことという印象があります。「ロジカルシンキング」などというカタカナの難しそうな言い方もあって、苦手意識を持っている人も多いのではないでしょうか。

「論理的に」ということは、それほど難しいことなのでしょうか。

実は、全く簡単なことで、誰でも訓練をすればすぐにできるようになることです。単純に訓練をちゃんとするか、しないか、それだけで違いの出ることです。

そもそも「論理的」とはどういうことなのか、と辞書を引けば、だいたいの辞書には「論理にかなっていること」というような説明がされています。そうです、「論理にかなっている」であればいいのです。では「論理にかなっている」とは。それは、

「□□です、なぜなら〇〇だからです。」
「〇〇です、だから□□です。」

というパターンにはまって、成り立つことを言っています。

「これをやるべきだ」というときに「なぜならば」という根拠があること。
「この状態である」というときに、「だからこうしよう」という結論があること。

つまり、「論理的に仕事をする」とは、いつも「根拠」と「結論」の組み合わせで仕事をしていく、というだけのことです。

では、どうやって部下をいつも「根拠」と「結論」を考える論理的な思考ができるようにするのでしょうか。

これもとても簡単なことです。

一つは、全ての会話で、「なぜ」を必ず言わせること。最初は「なぜ?」と聞いてあげて、理由や根拠を言わせる。そして部下自身にも、いつも「なぜ」を言わなければいけない意識を持たせ、「なぜ」と言うことを習慣にさせる。

もう一つは、同じく全ての会話で、「結論」を必ず言わせること。最初は「で?」と聞いてあげて、「結論」を言わせる。そして部下自身にいつも「結論」を言わなければいけない意識を持たせ、「結論」を言うことを習慣にさせる。

これだけのことですが、繰り返していけば見る見るうちに論理的に考える、思考パターンが身に着いていきます。

一つ大切なのは、話の内容が成り立っているか、つまり変な理由付け、変な根拠になっていないか、変な結論になっていないか、これだけはしっかりと聞いてあげて、おかしいときは考え直させるということをしなければなりません。パターンにはまっていても内容が成り立っていなければ論理的とは言えませんので。

論理的な思考を訓練させる

	部下	上司
「なぜ」を言わせる	この企画で進めたいのですが、いいでしょうか？	なぜこの企画がいいか説明して
	このパッケージは緑をベースにしたいと思います	なぜ緑？ 緑がいい理由は？
	商品はもう少し甘く改良したいと思いますが？	なぜ？　甘くするといいと言う根拠は？
「結論」を言わせる	試作品のAとBを比べた調査の結果はAは男性に受け入れられていましたが、Bもとても気に入ってくれた方がいました	で、結論は？
	今回の作業は全体としては大きな問題はありませんが、時間が予定以上にかかっています	で、何かやるべきことはあるの？
	競合の新商品は小さいサイズが70%の売り上げになりました	で、それは○○社にとってどんな意味があるの？

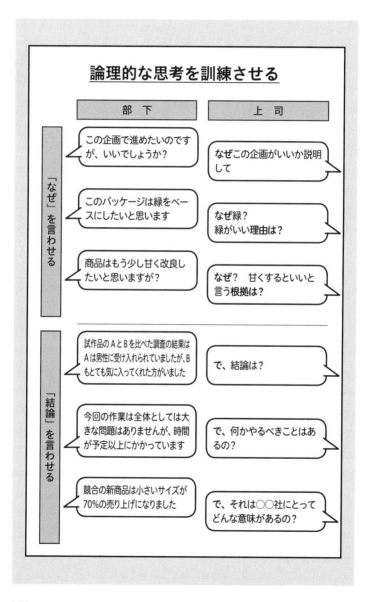

部下の叫び

はずしましたか？　言われたことはやったんですけど……

先週のことです、出張中の鈴木さんから電話がありました、

「私の出張はあと何日か延びそうなんで、あの企画を進めないといけないから、製造部の大木さんと一度会って相談しといて。大木さんには私からお願いのメールを入れておくから。」

「わかりました。」

早速、私は大木さんにお会いして、いろいろとお話をさせていただきました。競合他社の新商品はとても新しい感じはするけれども技術的にはたいして難しくないものだそうです。それと、わが社の製造ラインは今までの経緯があって部分的な改修ばかりで大変なことになっている、という話も聞きました。

そして昨日、鈴木さんが出張から帰ってきました。

「大木さんとのミーティングどうだった？」

「はい、とてもいろいろな話を聴けてよかったです。勉強になりました。」

「で、新商品の製造ラインの改修はどのくらいの費用と時間がかかるか、わかった？」

「はい。製造ラインの改修は難しいということを聞きました。ただ、具体的にどうなのかという話はありませんでした……」

「えっ？　聞いてないの？　それ聞いてどうしたら早くなるか相談しにいったんでしょ？」

「はい……」

「何のために、会いにいったのよ？　まあ、じゃあ、私が電話で聞いてみるよ……それと、前にお願いしといた在庫品の処分の件、処分の依頼書出した？」

「はい。それは、言われた通り出しました。」

「で、いつ、処分してくれるって？」

「来月の20日の週だそうです。処分は問題ないそうです。」

「えっ？　処分が問題ないのはそうだけど、もともと、今月中に倉庫を空けたいから在庫品の処分を急いでしようという話だったんだけど……なんで来月？　今月は処分できないって？」

「いや、今月できるか、聞いていません……」


……私、頑張ったつもりだったんですが、大事なところをはずしてしまったようです……。

上司のアクション その12

全ての作業で「目的」を書かせる。

あれをやる、これをやる、こうやる、ああやる。

職場の会話のほとんどは「何をやるか」「どうやるか」という話です。もちろんこの話がなければ作業ができないのですが、問題は、その作業を「何のためにするのか?」「何を果たすためにするのか?」、つまり作業の目的、それがあいまいであったり、認識が違っていたりするのに気が付かずに、作業を一生懸命やってしまうということです。

目的があいまいであれば、作業のどの部分が重要なのかが判断できず、作業を終わらせることだけを考えてしまいますし、目的の認識が違えば、頑張ってやったのだけれども、もともと期待されている目的を果たさない無駄な作業になってしまう、ということが起こります。

ですので、育成の観点で大切なのは、部下を「全ての作業を目的から考える人材」に育てることです。目的を考えるということは通常の生活の中ではそれほど必要ではありません。ですから、目的を考える習慣も普通はありませんし、目的を明確にする力も普通は誰も持っていません。そこで、育成のために必要なのは、徹底した訓練です。

全ての作業の前にその作業の目的を明確にさせます。


ミーティングをするなら、そのミーティングの目的は何なのか？

急いで在庫を処分するならその目的は何なのか？

メールを送るならその目的は何か？

書類を作るなら、その目的は何か？

研修に行くなら、行く目的は何か？

プロジェクトを立ち上げるならそのプロジェクトの目的は何か？


次にやる作業から、大きなくくりの仕事まで、全ての作業について目的を明確にさせます。


そして、習慣をつけるだけではなく、訓練のポイントはその目的を正確に書けるようになっているかどうかという点です。

我々日本語の文化はいろいろなことがあいまいになりやすく、あいまいなことに慣れているので、あいまいなことを明確にすることを訓練しておらず、あいまいでなくすることは得意ではありません。とりあえず書く、ということはできても、明確になっているのか、という基準で徹底した訓練をやらなければなりません。かなりの訓練が必要ですが、仕事力をつけるということはそんなものです。

明確にする力をつけるために、言わせるだけではなく、書き出させることなのです。しゃべるだけではごまかしがきいてしまい、あいまいさが残った状態で済ますことができます。書き出せば、ごまかしはききませんから、本人も明確に表現しているのか、あいまいではないかと考える訓練ができますし、書き出したものがあれば、上司として部下の思考の質もチェックをして、育成のアドバイスをすることができます。

会議や打ち合わせのときは最初にホワイトボードに目的を書かせます。全ての書類の最初に、書類自体の目的とその書類が語る業務内容の目的を書かせます。毎日の予定を報告するときには、それぞれの行動の目的を書かせます。その繰り返しです。訓練ですから繰り返しやっていけば必ず習慣になり、必ず目的を明確にする力はついていきます。

部下が目的意識を持って仕事ができるようになれば、「作業をこなす人」ではなく「目的を果たす人」になったということですから、それは大きな大きな成長です。

「目的」から考える習慣をつけさせる

徹底的に繰り返す

全ての会議で
ホワイトボードに
目的を書かせる

全ての書類の
一行目に
目的を書かせる

全ての予定（行動）
について
目的を書かせる

書き出させてあいまいにしない

《例》	よくあるNG 目的になってない目的 （やること）		目的 （その作業で 果たすこと）
会議	○○を話し合う	⇨	□□を合意して、次のステップを決める
営業活動	訪問する	⇨	先方のニーズを理解する
プロジェクト	新商品を開発する	⇨	新商品で新しい顧客を獲得（売り上げ20%アップ）

部下の叫び

どうしたら、うまく伝えられますか？

最近はかなり落ち込んでいます。私の致命的な弱みです。

「ごめん、よくわからないんだけど。」

「もうちょっとわかりやすく話してくれる？」

「ポイントは何？　整理したらどういうこと？」

「そんなにいろいろと言うと私が混乱するのでちょっと待ってもらえますか。」

この何日かの間だけでも、こんな風に鈴木さんからは何度も突っ込みを入れられました。鈴木さんはやさしい言い方なのですが、つまり、私の話が分かりにくいのです。

自覚はあります。よく説明ができている感じがしません。

学生のころ、強みは何ですか、と言われたら「コミュニケーション力です」と自信を持って答えていた自分が懐かしいです。挨拶はできるほうだし、人に話をするのは好きだったので、あとは、敬語をしっかり使えるようになれば仕事のコミュニケーションはOKだと思っていました。かなりの勘違いでした。

鈴木さんはもちろんそうですが、周りの先輩方は上司との話や電話での他部署の人たちとの話では、いつも的確に状況を説明して、意見の交換もしっかりできている感じです。うらやましいとしか言いようがありません。どうしたらあんな風に話ができるようになるのでしょうか。

毎回、毎回、うまくしゃべろうと思ってやっているのですが、進歩をしている感じはありません。一体どうしたらうまく伝えられますか？

上司のアクション その13

「どんな話も3つにまとめる」を徹底させる。

私自身、何よりも一番役に立ったと断言できるのは、この「どんな話も3つにまとめて話しなさい」という上司からの徹底した訓練でした。「どんな話でも」ですから、やるほうは大変ですが、その分この訓練は、わかりやすい話ができるようになるために絶大な効果があります。

組織の中で仕事をするということは、人とかかわるということですから、コミュニケーション力が決定的に重要です。特に、日本の文化で育った我々は、くみ取ることを訓練される一方、くみ取ってもらうという関係で成り立っているので、「伝える」という力をほとんど訓練してきていません。「伝える力」をつける訓練が必要なのです。コミュニケーションの理論を勉強するとかいう難しいことをやらせる必要は全くありません。徹底するのは「どんな話も3つにまとめて話をしなさい」という訓練だけです。

例えば、他の部署から電話があったという報告なら、

- 営業の高橋さんから新商品の計画見直しが必要かもしれないという電話がありました。
- 競合他社が我々と同じコンセプトの商品を出すとの情報が入ったのが理由だそうです。
- 情報を集めているので、正確な情報をもとに来週、我々と相談したいそうです。

ミーティングを依頼するようなシンプルなことでも、

- 来週の火曜日、14時からミーティングをお願いしたいと思います。
- 目的は、パッケージの改良を新商品の発売日に間に合わせる方法を見つけることです。
- 簡単な話ではないと思いますが、この改良は重要なので是非、実現の方法を見つけたいと思います。

など、どんな内容であれ、3つにポイントが整理されていると大変わかりやすいコミュニケーションになる、ということです。

なぜ、この単純な訓練がそれほどの効果があるかというと、

- 必ず準備をするので、伝えるときに「準備をする習慣」がつく
- どんな状況であっても「整理をしなければ、という意識をいつも持てる」ようになる
- 3つですから、無理やり整理しなければならず、「論理的に整理する力がつく」

ということです（これも3つにまとめてみました）。

伝えることを特に意識をしたり努力したりもせずなんとなくうまくできるようになった人も世の中にはいますが例外です。基本的には、「伝える力」は訓練の量に比例します。部下には、是非、できるだけ早いタイミングで徹底的に訓練をさせてあげてください。

最初に「どんな話も3つにまとめて話をしなさい」というルールを決めて、必ず守らせることです。もし、できてない状態で話にきたら、「3つにまとめてから話をしにきて」と出直しをさせるといいでしょう。会話の途中でも話がわかりにくくなってきたら「ちょっと待って、言いたいことを3点にまとめてみて」と言ってその場で1、2分時間をとって整理させるのもいいでしょう。

繰り返しますが、この訓練の効果は絶大です。本当にしっかりと訓練をすれば、誰でも必ず見違えるほどの力をつけることができます。自分と部下のコミュニケーションのルールと決めて取り組んでください。

どんな話も3つにまとめて話す

お客さんから苦情があった話を上司に報告するには：

1. ごひいきのお客様から苦情がありました。
2. 商品が届いていないそうです。
3. すぐに届くように手配をしておきました。

新商品の状況を説明するには：

1. 新商品の売り上げは予定通りで好調です。
2. 心配していた既存商品の落ち込みも想定範囲でした。
3. 他社が対策をしてくると思いますので、確実な対応をしていきます。

機器の購入で承認をもらうには：

1. ○○を購入する承認を頂きたいと思います。
2. この機器は□□を30%効率化しますので、投資は2年で回収できます。
3. オペレーションもシンプルですので、特に導入で現場に混乱は起きません。

戦略の提案をするには：

1. Aのアプローチと、Bのアプローチでは、Aで行きたいと思います。
2. Aは新しいユーザーをBよりも引き付け、ブランドイメージも守れることをデータで確認しました。
3. 関係部署の合意を得るように来週動きます。

部下に今後の能力開発を説明するには：

1. 力をつけることを意識して仕事をしていくことが重要。
2. 自分が必要と思う力を書き出して、計画的に取り組むと力がつく。
3. 上司である自分からもフィードバックをしてサポートするが、最後は自分。

育成で何が大事なのか、と聞かれたら：

1. まずは、育成を大事なものと認識して時間とエネルギーをつぎ込むことです。
2. 育成はなんといっても個別性が大切なので、本人を理解して個別に取り組むことです。
3. あいまいになりがちなので、目的、アプローチ、ステップを書き出して書類化してやっていくことです。

部下の叫び

こんなに仕事があったら、どうしたらいいかわかりません！

最近は本当に忙しくなってきました。

関連部署からの電話、メール。鈴木さんからの指示。係長と課長もいろいろと言ってきます。新商品の企画も、いよいよ関連部署と連携して進めていかなければならないステージです。忙しいところですが、ライバル企業が似た商品を出したということで商品について営業部からいろいろと調べてほしいと言われています。上司の鈴木主任からも任せたと言われているので、頑張らなければいけません。私のＰＣのモニターの周りは、付箋紙でいっぱいです。

私は結構きっちりしているほうだと思うので、全部ちゃんと付箋紙に書いて、一つづつ処理をしてきました。

ただ、最近は大変まずい状態です。あまりにもいろいろあるので、本当はやり切らなければいけないことが少しずつ残ってしまっています。手を付けられていないこともいくつもあります。頼まれることも増えていきます。

冷静なふりをしていますが、実は、かなりパニック状態です。

課長がいつもの通り、みんなの様子を見回っています。私のところで、ＰＣに貼ってある付箋紙、その数の多さに驚いたようです。そして言いました。

「忙しそうだね。大丈夫？　ライバル社の新商品の問題、重要だからね。いろいろな作業があるようだけど、そんなことやってる場合じゃないでしょ！　ってならないようにね。頼むね。」

「はい。わかりました！」

わかりましたとは言いましたが、ライバル社のこと、難しいので実はまだあまり進んでいません。ただ、まずは、この付箋紙の多さ、焦りが増すばかりです。

こんなにいろいろと仕事があったら、どうしたらいいのか私にはわかりません！

上司のアクション その14

毎週、毎日、「優先順位をつけたＴｏ－Ｄｏ」を書かせる。

「これ、まだやってなかったの？」「はい。まだやっていません。」

こんな状況になったら、そもそも業務の責任を持つ上司である自分としても大変なことです。正直なのはいいのでしょうが、これでは困ります。

「そんなことやっている場合じゃなかったでしょ！」

付箋紙に書き出してある作業を一つ一つこなしている部下なら、一生懸命やっているのはいいことですが、結果、大事なことが終わっていないということであれば、これも大変困ったことになります。

そこで、部下育成のためにやるべきこと、それは「優先順位をつけたＴｏ－Ｄｏリスト」を毎週、毎日書かせることです。

まず、Ｔｏ－Ｄｏリストを書くという作業をさせることで、やるべきことを忘れない、という基本中の基本を管理できることになります。付箋紙で仕事を忘れないようにするのと近い話ですが、一枚の紙に全部の用件が書き出されていて全体が見えるようになっているということに意味があります。そして、さらに重要なのは「優先順位をつけさせる」というところです。

仕事がいろいろとあると、「なんとなくどれか」に手を付けてやってしまう、ということがよくあります。「なんとなくどれか」でやると、どうしても手を付けやすいこと、やりやすいことから始めてしまうということになってしまいます。すると問題になるのは、他にもっと重要なことがあっても、なんとなく始めたことに時間をとられてしまうので、重要なことがいつも残っていってしまう、ということです。これでは、限られた時間の中で成果を上げる人材にはなれません。育成したいのは「何が重要なのか、何をやるべきかを判断して、やるべきことをやる」という仕事の仕方ができる人材です。

そして、そもそも、このステージの部下には「優先することは何か」をしっかりと教えておかなければなりません。

優先することを決める判断軸は何なのかといえば、それは、もちろん「組織にとって重要なことは何なのか」ということです。自分の優先していることが組織にとっての重要なことと同じでなければ、上司から見れば「そんなことやってる場合じゃないでしょ」ということになってしまいます。また、組織にとって重要なことをやっているつもりでも、判断が違ってはいけません。それを避ける方法は内容を上司と確認するしかありません。新入社員のレベルの部下はもちろん、経験があっても自分が全ての情報を持って正しく判断できているとは限りませんから、何を優先するかは「上司と確認する」という作業が必要だということです。

「優先順位をつけたＴｏ-Ｄｏリスト」を必ず書かせ、それを毎週、毎日見てあげて、フィードバックしてあげる。勝負は継続です。始めるのですが、いつの間にかやらなくなってしまい、部下が十分力をつけきれない、ということがよくあります。継続すること、これはまさに、育成をする自分自身の優先順位の話です。「部下の『優先順位をつけたＴｏ-Ｄｏリスト』を確認してフィードバックする」ということを優先順位が高い項目として認識して必ず必ずうやむやにしないで、しっかりと続けてください。

優先順位をつけたTo－Doリスト

今週のTo－Do

優先順位	項　目	期間
A	• 競合新商品の評価と企画の見直し • 見直しのインパクトの理解（製造部からの情報収集） • 工程表の改訂	水曜 水曜 金曜
B	• パッケージの品質チェック • 資材の問題把握	金曜 金曜
C	• パッ • 調査 • 課長 レセ	

今日のTo－Do

優先順位	項　目
A	• 競合新商品の情報収集（営業部から） • 企画変更の考え方の整理（主任から聞く）
B	• 競合情報のまとめ方の確認（課長） • 製造部への状況アップデート • 資材の問題把握（予定を連絡だけしておく）
C	• 書類の整理（プロジェクト別）

部下の叫び

どう進めていくのかなんてわかるはずありません。

「今月中には価格を決めて、課長のOKをもらわないとね。営業部との話し合いは進んでいる?」

「まだです。課長のOKをもらうのは今月中なのはわかっています。」

「で、営業部との価格決めは?　具体的にはどうなってる?」

「価格を営業部と決めなければいけなかったのは知りませんでした。」

「……商品には価格があるんだから価格を決めなかったら商品の企画が決まらないよね。」

「はい。進めていきます。今日、営業部と話し合います。」

「で、来月の3週目には調査の結果を出さないといけないでしょ。全体のスケジュール大丈夫?」

「調査の結果は来月の3週目までに必要なんですね。わかりました。」

「わかりましたって……大丈夫?」

「調査をするのはわかってたんですけど、いつまでに結果が必要かは考えていませんでした。」

「発売日があるんだから、製造の準備を考えたら、来月の3週目がぎりぎりでしょ。」

「はぁ。」

「それと、調査だけど、パッケージの写真のほうは大丈夫なの？」

「ええと……パッケージの写真ですか？」

「え？　それもまだ考えてない？」

「調査にパッケージの写真がいるんですね。」

「そりゃそうでしょう。パッケージがなかったら調査は成り立たないでしょ。」

「わかりました。ファイルがあったので、それを見て進めます。」

「いやぁ、ちょっと心配になってきたけど、ほんと大丈夫？　何をやらなきゃいけないかわかってる？」


今日はかなりやられました。「何をやらなきゃいけないかわかってる？」と言われても、初めてだし、誰も教えてくれないので、そんなこと、わかるわけありません。

上司のアクション その15

「工程表」を作らせる。

育成の初期のフェーズで忘れられがちなのが、「工程表」を書く力をつけさせることです。「工程表」を書けるようになるということは、仕事を動かしていくことができるようになるためには欠かせない力です。

「工程表」とは、横軸に日付、縦軸にその仕事で必要な作業項目を並べ、どの作業をいつやり、どう進めていくのか、を示す一枚の書類です。

まずは、全体を進めるには、何をしなければいけないのか、全ての作業項目をリスト化します(重要なのはこのリストに漏れがないことです)。「コンセプトの調査」をやるための工程表であればやらなければいけないのは、

―コンセプトの文章作成
―価格設定
―パッケージの準備
―調査の設計と質問票作成
―対象者の募集（リクルーティング）

そして、それぞれの作業にはどれだけの時間がかかるのかを明らかにしておきます。そして、さらに、それぞれの作業は単独ではなく、関係性がありますから、

―コンセプトの文章に課長からOKをもらわないとパッケージの写真の作業は始められない
―パッケージの写真と調査の設計に課長のOKをもらわなければ、調査を実際に進められない、つまり、対象者の募集ができない
―もちろん、対象者が十分集まらないと調査は始められない

など、これをクリアーしないとあれは始められない、それを始めるためにはあれができていなければいけない、ということがありますので、そのような作業の関係性を明確にして示します。だいたい何をいつごろにやるか、という漠然とした見込みではなく、確実に最短のスケジュール

でやりたいことを実現するために、緻密にスケジュールを組んでおくことが重要です。

最初の最初であれば、仕事の全体の流れを教えるという意味で作ってあるものを渡すのもいいのですが、自分自身の担当については、自分で書かせるのがいいでしょう。

全体を把握して、どこが勝負どころかを認識させることができますし、予定通りに進めるためには何が重要なのかを考え、進捗を管理しながら仕事をする、ということを身に着けさせることができます。

ここで例にあげた「コンセプト調査」のような一つの業務については、進め方を一日単位で書かせ、半年や一年単位でのプロジェクト全体の工程表は週単位で作らせます。

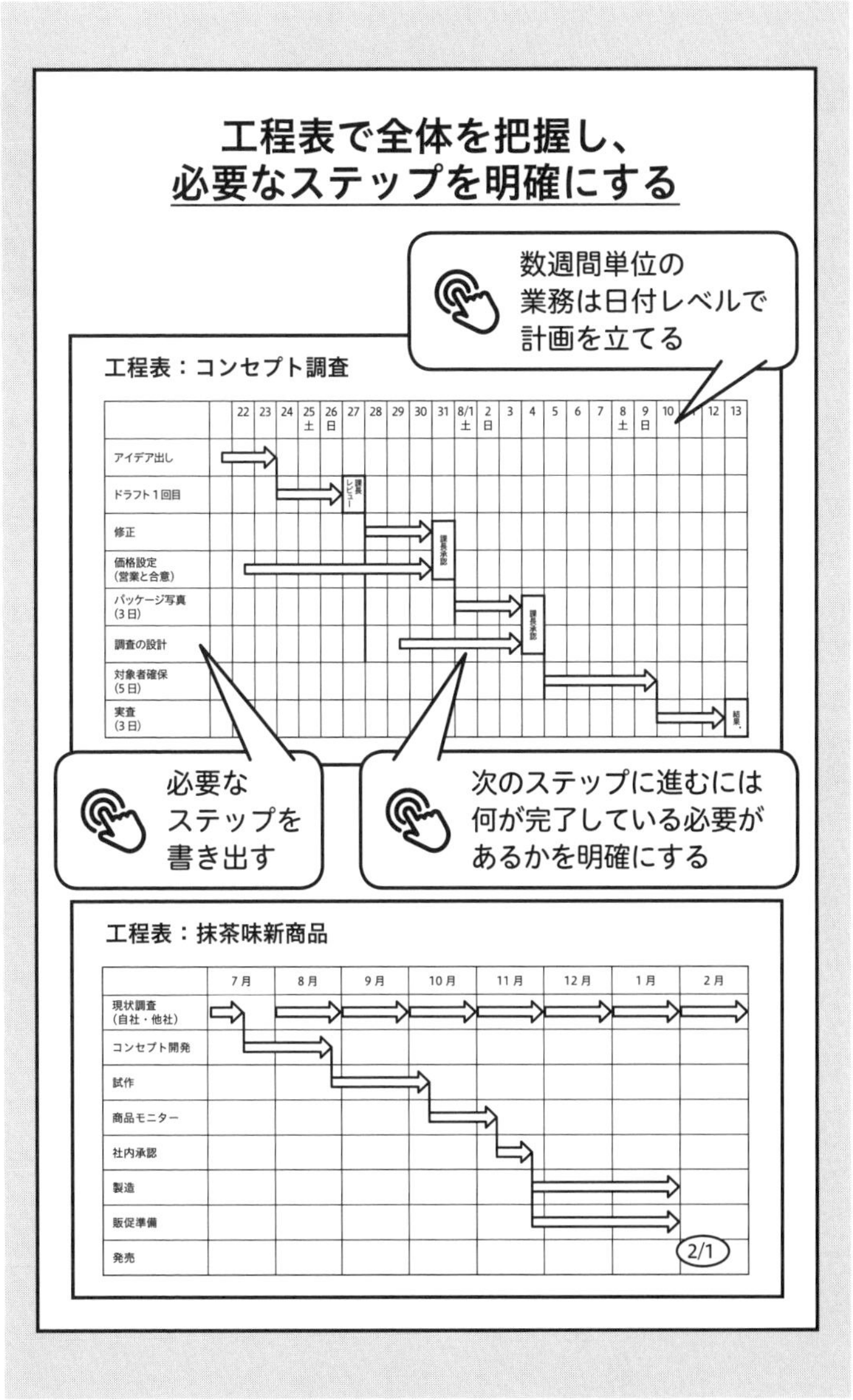
工程表で全体を把握し、
必要なステップを明確にする
数週間単位の
業務は日付レベルで
計画を立てる
工程表：コンセプト調査
22 23 24 25 26 27 28 29 30 31 8/1 2 3 4 5 6 7 8 9 10 12 13
土 日 土 日 土 日
アイデア出し
ドラフト１回目
課長レビュー
修正
価格設定
（営業と合意）
課長承認
パッケージ写真
（3日）
調査の設計
課長承認
対象者確保
（5日）
実査
（3日）
必要な
ステップを
書き出す
次のステップに進むには
何が完了している必要が
あるかを明確にする
工程表：抹茶味新商品
7月 8月 9月 10月 11月 12月 1月 2月
現状調査
（自社・他社）
コンセプト開発
試作
商品モニター
社内承認
製造
販促準備
発売
2/1

部下の叫び

いつもうまくいきません！　繰り返してしまっています。

課長に企画の状況の報告です。

「今回ですが、コンセプトは他社と違う方向で行きたいと思っています。特に、原料のストーリーを強化したいと思ってまして……」

「ちょっと待って、そんな細かいことから話されても……まず、これは何の話だったたっけ？」

「はい。すみません。抹茶味の新製品の話です。来年の春の発売予定だったプロジェクトです。」

「来年の春？　その後のライバル社の動きでどうしたらいいのか、という話になっているんじゃなかった？」

「はい。そうです。」

「じゃあ、春の予定って、まだその予定？」

「いいえ、春の予定でしたけど、結局、前回、秋に延期にすべきという話でした。」

「そうだよね。前回、その話をしたのに、春の予定です、って言うのおかしいでしょ。」

「あ、すみません。もともと春の予定のプロジェクトでした、という意味でした。」

「コンセプトはそれで、どうなってるの？」

「これです。２種類を進めていこうと思っています。目を通していただけますか？」

「……うん、なかなか中身はいいんじゃない。２つ進めていこうということ？」

「はい。大きな方向性が２つありますので、この２つを調査にかけて、いい結果が出たほうで進めたいと思います。インタビュー調査ではどちらもいいと言う人がいましたし、今の時点で選んでしまうよりも、調査で数字をとって決めるのがいいと思いますので。」

「わかった。いい結果が出るのを祈ろう。」

「では、これを10日から調査にかけます。結果は13日ですので14日の朝に報告します。」

「ただ、もうちょっと話をわかりやすくしてな。時間がかかりすぎだよ。最初は出直せって言おうかと思ったよ。」


ＯＫはなんとかもらいました。ただ、いつもこんな感じです。いつもうまくいきません。

上司のアクション その16

「よかったこと3つ」「次はよくすること3つ」を書かせる。

「前もここでうまくいかなかったのに、またここがうまくできてないでしょ!!」

同じ経験をしても、力をつけていく部下とそうではない部下の二通りが事実存在します。本人は毎回毎回一生懸命やっていて、「やる気」はある、それなのに、毎回毎回うまくいかない。そんな部下には、力をつけていくための習慣を教えていなかったということです。

そもそも、経験したことから力をつけていける人とそうでない人は何が違うのか?

そのポイントは、「改善すべきことをどれだけ具体的に明確にとらえるか」ということです。「これがいかん、これをよくしよう」と、改善のポイントが明確であれば、それにフォーカスを当て、次回に向けて努力もでき工夫もできます。逆に、漠然と、「うまくいかなかった。次は頑張ろう」であれば、残念ながら次回も何も改善されません。

そこで、何をさせるかというと、業務ごとに、毎回、振り返りをさせ、「うまくできたこと」「次はよくすること」を書き出させます。

まさに、ＰＤＣＡの話です。「業務の質を高めるのはＰＤＣＡサイクルを回すことだ」と教育されますが、自分自身の力を伸ばすためにも、全く同様に、Ｄｏのあとに、自分自身の力を伸ばすためのＣｈｅｃｋとＡｃｔが必要だということです。

「今回のプレゼンは何がうまくいかなかったのか？」
「次回はどうしたらいいのか？」
「自分が担当したプロジェクトは何がうまくいかなかったのか？」
「次回はどうしらいいのか？」

重要なことは、話をさせるだけではなく、書き出させることとです。話だけではどうしても、あいまいで漠然としてしまいます。文字にするという作業をして初めて内容が具体化し明確になります。

「次回は何をよくするのか」と同時に「今回は何がうまくできたか」ということをとらえさせ

ることも大事です。「うまくできたこと」は本人の持っているもともと優れたところ、あるいは前回から改善されたことです。これを部下本人が認識し、自信を持つことができ、それを自分の力として大切にしていくことができます。

学びを最大化するため、「うまくいったこと」「次はよくすること」、それぞれ、3点ほど出させる決まりを作っておくといいでしょう。書き出したものを部下が見せてくれたら、上司として、その内容をしっかりと検討し、フィードバックをします。内容が書いてきた通りならば、「その通おり」「OK!」というフィードバックをし、もし、認識が違うところがあるようなら、別の項目を書き足したり、とらえ方を修正してあげます。

この話は「学び方」を教えるという話ですから、本人のためには大変大変重要です。うるさいと思われても繰り返し、繰り返し、毎回、毎回、徹底してやらせることが重要です。

学びを書き出させる

- 部下に学びを書き出させる。
- 学びにコメントをしてあげて、重要なことを学べるよう導く。

課長報告の振り返り

うまくできたこと

- 落ち着いて話をすることができた。 前回はあわてていた感じだったが今回はとてもよかった!!
- 2つのオプションを進めていくことの考え方はうまく説明できた。
  そのとおり!!
- 次のステップを明確にできた。
  準備がしっかりできていたということ☺

次回もっとうまくやりたいこと

- 小さいところから話したので、課長を困惑させた。次回、この話は何の話なのか、結論は何なのかから入る。
  うまく伝えるには「大→小」で
- 現状の認識について経緯を説明してしまい、余分な心配を招いた。次回は、現状の認識を誤解のないように表現する。
  春の予定だった⇒秋に変更になった。 正確な表現が大切
- 前回の話の資料を手元に持っていなかったので、前回の振り返りの質問に的確にこたえられなかった。今回の資料は次回準備しておく。
  OK!!

2020年7月15日
小林

部下の叫び

皆さんの話、なんだかよくわかりません……

「今日の会議は、新商品の案のうちどの選択肢を残して、どう進めていくかを決めることです。それぞれの部署からご意見があると思いますので、よろしくお願いします。」

会議の目的を明確にするのはしっかり意識してやりました。

製造部、営業部、それと私たち商品企画部の会議は混乱を極めます。早速、始まりました。

「今年は設備の投資をやりすぎないように上から言われててね。ここに残っている案でいうと、うーん、どうかな、これはラインの調整だな。新しい設備がないとこっちは作れないかな。これはリードタイムが長くなるから来年は難しいかな。まあ、時間とお金の問題なんだけどね。まあ製造部の立場もあるしね。」

「そうですよね。私たちも、設備費は要ると思ってますし、時間もかなりかかるのは認識しています。どれかあきらめたほうがいいオプションはありますか?」

「どれも、難しいよね。A案とB案、あまり違わないかな。P案も同じ感じかな。」

「じゃあ、この3案は難しいですか？」

「いや、そういうわけじゃないんだけどね……」


そこで、別の話です。営業の高橋課長と木田さんのやり取りが始まりました。

「営業の立場で言うと、このA案とC案はちょっと競合の商品と似ているからね。」

「いや、競合の商品は売れてますから、いいんじゃないですか。Q案もいいと思いますよ。」

「どうかな、難しいな。取引先が似たような商品ばかりでだめだ、って言いそうだしな。」

「ニーズがあるんですよって言えば逆にいけるんじゃないですか？」

「どうかな……」


こんな話が続いて3時間、本当に疲れました。とりあえず、来週また会議、ということにはなりましたが、皆さんの話、いつもいろいろ言われるのでなんだかよくわかりません。

上司のアクション その17

「書き出しなさい」と言う。

何度も触れましたが、「書き出す」ことが仕事の質を高め、成果を上げます。「書き出す」ことがなぜ重要かと言えば「あいまいなままで終わらせない」ためです。仕事の質を高め、仕事で成果を上げるためには「書き出す」ことが絶対に必要です。

部下には全ての場面で「書き出しなさい」と言って、書き出す習慣をつけさせます。

例えば、会議中にいろいろな話が出てきます。難しいことであればあるほど、いろいろな人がいろいろな視点で情報をシェアし考えを出そうとします。一つ一つの話が、何を言っているのかがあいまいなこともありますし、複数の人の意見が出て、話を重ねていくと、話し合いとして、一体どこが合意をしているのか、どんな結論になったのかがあいまいになってしまいます。

日本の文化では反対意見をはっきり言わないので、違う意見があるときには特にあいまいになりがちです。

成果を上げる会議の鉄則ですが、重要な情報や意見は、全て、誰かがホワイトボードに書き出していくことが必要です。

一つ一つの重要な情報や意見は、それを書き出し、「今の話は、つまり、こういうことですか？」と確認します。

話し合いが進んで、会議として合意している感じになってきたら書き出し、「今の話は、こういう結論ですね。いいですか？」と確認します。

そうすることで、話にあいまいさがなくなり、話をしたことが確実に文字に残ります（しゃべっただけのことは、その後空気の中に消えていきますので、どんなにいい話し合いをしても話し合いの内容が文字に残らなければ無駄な会議になってしまいます）。

部下が参加する会議では、部下に書き出し役をさせると、部下にとってはこの上ない「ポイントをつかむ訓練」「明確にする訓練」になり、力が確実についていきます。

「最後に、ポイントを整理して。」

いろいろなことが書き出されている状態で、グチャグチャのまま終わらず、ホワイトボードに書き出した全体を見渡し、重要なポイントと重要な合意を参加者全体で確認する。これも必ずやらなければいけません。これがなければ、次のステップにはつながりません。

部下がいい話をしているときも同じです。話は話で終わりますから書き出させます。「今の話、とてもいいので、書き出して整理して。しっかり進めよう。」

いい本を読んだ、いいセミナーに行った、というときも同じです。「学んだことを書き出して、整理して。いい話だからみんなにシェアしてあげて。」

会議に限らず、仕事の全てで、「書き出して、整理して」と言う。これが部下に力をつけさせ、習慣をつけさせます。


このセクションを読んで、どうだったでしょうか？　何か頭に浮かんだことはあったでしょうか？　今、頭に浮かんだことを、書き出しましょう。

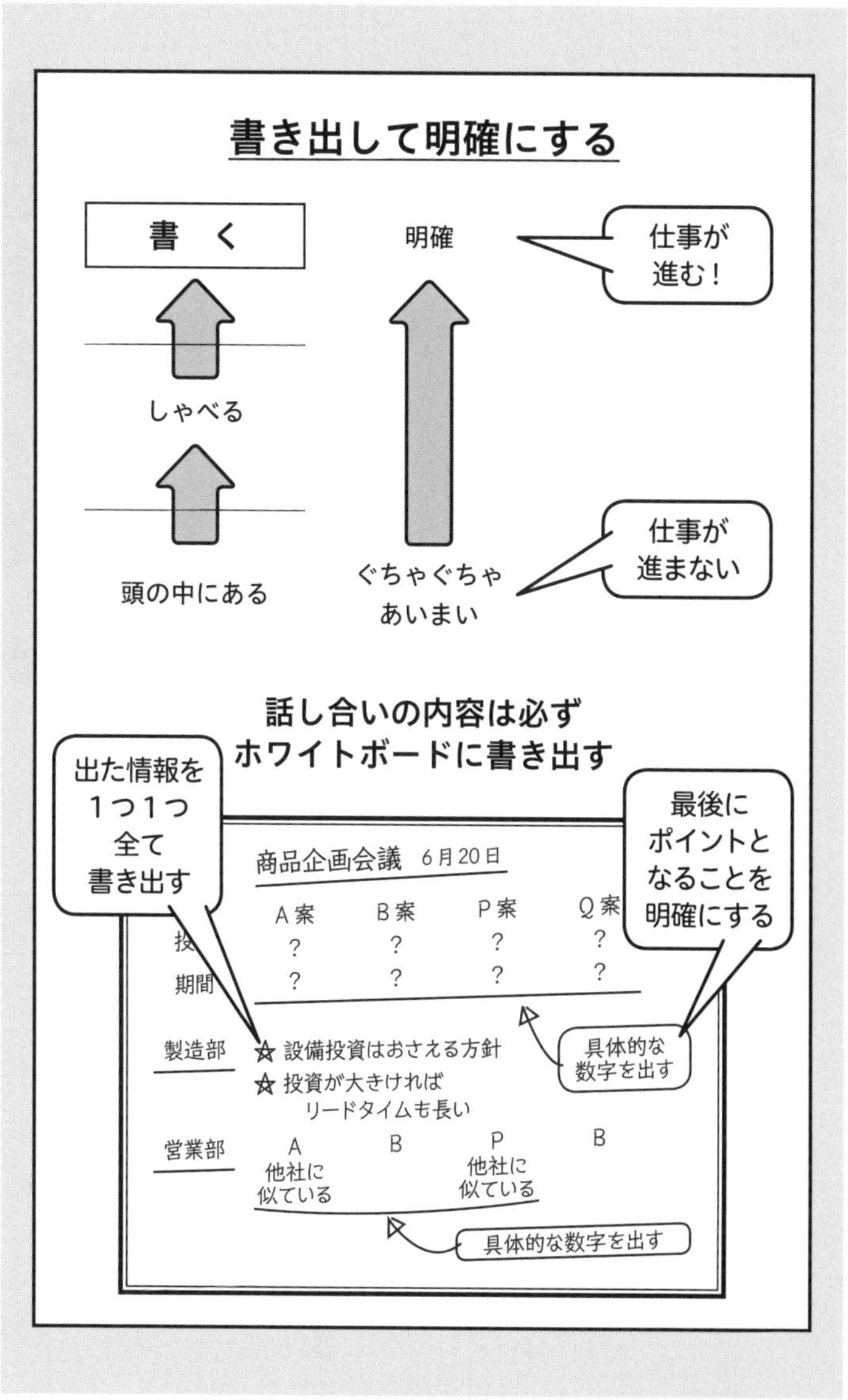

書き出して明確にする
書　く
しゃべる
頭の中にある
明確
ぐちゃぐちゃ
あいまい
仕事が進む！
仕事が進まない
話し合いの内容は必ず
ホワイトボードに書き出す
出た情報を1つ1つ全て書き出す
最後にポイントとなることを明確にする
商品企画会議　6月20日
A案　B案　P案　Q案
？　？　？　？
期間　？　？　？　？
製造部
☆設備投資はおさえる方針
☆投資が大きければリードタイムも長い
具体的な数字を出す
営業部
A 他社に似ている　B　P 他社に似ている　B
具体的な数字を出す

上司だって叫びたい／上司 心の叫び

そもそも社会人としてどうなのぉ！

小林さん、仕事はある程度できるようになってきたのですけど、ちょっと信じられない部分があるんです。

また今日も朝15分遅れてきました。確かに会議に15分遅れたわけではないですから誰かを待たせたわけではないですけど、だからといって遅れてきていいはずがありません。

それに、前にも注意したのですが、机の上はいつも散らかっています。あんなので平気なところが私の常識でいうと考えられません。

あと、挨拶もできません。私や課長には元気に挨拶をするのですが、他の部署の人はあえて無視しているかのような態度です。皆さん、気づいていると思います。

仕事はいろいろと教えているのですが、そもそも社会人としてどうなんでしょう。課長には認められていることもあって、本人はこんなことは気にしていないようです。

上司のアクション その18

「社会人としてそれではだめだ」とはっきりと伝える。

挨拶、礼儀、言葉づかい、身だしなみ、時間、約束、規律。社会人として基本的なことに問題のある部下は確かにいます。何回か注意をしても変わらないと、そこまでは面倒みられないよ、と、ついあきらめたくなってしまいます。

しかしながら、本人の将来を考えれば、こんな基本的なことこそ早いうちにちゃんとさせてあげないといけません。これもポイントは、何がよくないのか具体的に明確にすることです。そして重要なのは、それがどんな意味を持ち、本人の将来にどう影響するかを伝えることです。こうして、その問題が大変な問題であることを認識させます。挨拶ができなければ、協力を得られる人にはなれません。片付けなければ、効率が悪くなります、ミスも増えます。

誰もきちんと教えてくれなかったのでしょうから、育成する立場としては、違う文化の外国で育った何も知らない人に教えるつもりでやるくらいの感覚が必要です。

Level. 3

Motivating Coach Stage

モチベーティング・コーチ・ステージ

動機付けと仕事の仕方で
自ら動く人材に育てる

動機付けと仕事の仕方で自ら動く人材に育てる

おそらく、育成の中で上司が最も困ること、最も難しいことが「主体性を持たせる」「主体的に動く部下にする」ということでしょう。

考えてみれば、教育界では幼稚園から大学まで「どう主体性を育てるのか」を重要なテーマとして様々な取り組みがなされています。家庭でも、生まれたときから多くの親が工夫をしていると思います。そうして社会人になった人材について、私たちは「もっと主体的になってほしい」と言ってるわけですから、このギャップを埋めるのは簡単なことではありません。

主体的な人材の育て方は、心理学的な理論からのアプローチ、いろいろな領域の方々の経験則など、参考になる本やインターネットサイトが数多くあります。読んでみると、その多くに、「教えすぎない」「正解を与えない」ことが重要だという結論があります。実際、「教えすぎない」

「正解を与えない」を方針にしているという上司によく会いますが、部下が主体的に仕事ができるようになっているとは言えない場合がほとんどです。なぜでしょう？　それは、「教えすぎない」「正解を与えない」ということは、それが必要ない人の主体性を奪わないために「上司としてやってはいけないこと」の話にすぎないからです。もともと主体性がある部下には主体性を発揮する機会を奪わない関わり、主体性を活かす関わりが重要です。問題は、もともとの主体性があまりない部下をどう主体的にしていくかということで、ここが育成者としての力の見せどころだということなのです。

やはり、何よりも大切なことは動機付け、つまりモチベーションを生み出すことです。優秀な育成者は部下のモチベーションを生み出すことを常に考え、働きかけます。そこにすごいテクニックがあるわけではなく、基本に沿ってやるべきことをしっかりやることです。

もう一つは「主体的な仕事の仕方で仕事をさせる」ということです。主体的な仕事の仕方はこういうことだよ、ということを教え、その仕事の仕方を習慣にするよう徹底して働きかけていきます。内的な部分はなかなか変わらないことが多いので、行動のパターンから主体的に動く動き方を教えるという考え方です。

では、また二人のやり取りから、何が上司として必要なのかを確認していきましょう。

部下の叫び

期待されてやっている人たちがうらやましいです。

今日の四半期全社会議、1時間半だったので、ちょっと長かったです。

社長から若手にメッセージがありました。

「今年入社した人たち、去年の人たちもそうですが、若い皆さんが各部署で頑張ってくれているという報告を受けています。皆さんには本当に期待をしています。技術起点の商品が多かったわが社を、ユーザー起点で商品が提供できる会社に変えるために、若い皆さんが中心になって引き続きバリバリ活躍してほしいと思っています。採用の基準を変えて、期待を込めて採用した人たちです。是非、頑張っていただきたい。まあ、わざわざ言わなくてもわかっているとは思いますが。」

かなり熱のこもった話でした。若い人たちが頑張っているという報告が上がっているということですから、一緒に入った事業部の人たちは活躍しているのでしょう。すごいと思います。

私はうまくいかないことが多くて、ちょっとへこみます。

部署に戻ったら、みんなを集めて部長からもコメントがありました。

「商品企画部でも若い人たちが活躍し、新しい視点で商品のアイデアが出ているのを私からも社長に報告しています。皆さんの力が絶対に必要なので是非この調子で頑張ってください。私も本当に期待しています。」

商品企画部にも期待されている人がいるようです。隣の課の岡田君とか森さんでしょうか。上田君かもしれません。期待されている人はみんなやりがいを持ってバリバリやっているのでしょう。

私はそんなに期待はされていないと思いますから、バリバリやるというよりも、あまり目立たず、言われたことをこなしていきたいと思います。お荷物にならないくらいはやっていかなければいけないですね。

でも、期待されてやっている人たちがかなりうらやましい感じです。

上司のアクション その19

面と向かって期待を伝える。

何年か前のことです。女性が活躍する組織づくりについて人事の幹部を対象にセミナーをしたときのことです。参加をしていたある上場企業の人事の役員から休憩時間に質問されました。

「私の組織では、女性にもっと活躍してほしいと期待してるのですけど、なかなか女性たちが動いてくれないんです。どうしてですかね？」

「そうですか。活躍してほしいですね。期待されていることは皆さん知っているんですか？ 期待されていることがわかればもっとやろうというモチベーションになりますよね。」

「ええ。わかっているはずです。そもそも、今の時代、女性がもっと活躍してほしいと期待されていることなんてわかってるはずですから。それと、社長からも発信がありましたし、社内報には何回か会社の方針としてこの内容の記事を載せています。」

「方針としての発信はされているんですね。では、一人一人、自分が期待されていると認識をしてもらうようにはされていますか？」

「私も人事の役員として発信をしてますし、役員たちも、繰り返し、発信してます。でも、なぜか、みんなやる気が出たという感じにはならないんです。いやあ、なんでなんでしょうね。期待されていることはわかっているはずなんですけど。」

実は、こんなことはよくあります。「期待されているのはわかっているはず」と、上司たちは思い込んでいますが、おそらく、この組織の女性の皆さんは誰も「自分は期待されている」と思えていない状態です。上司たちは本当に期待をしているのですから、大変もったいない状態です。

誰でも経験があると思いますが、期待していますという話をグループに向けてされたとき、よっぽど自信がなければ「私は期待されている中に入っているのだろうか」「そう言っているけど、本当は期待なんかしていないのでは」と疑う気持ちがどうしても浮かんできてしまいます。期待されている、ということがわかればモチベーションにつながるはずなのですが、期待されているということを認識してもらうのは簡単ではないということです。

そこで、しっかりやらなければいけないのは「期待を面と向かって伝える」ということです。面と向かって伝えて、様子を見ながら、本当に期待されていることを信じてくれたかどうかを確認します。

「1年後には、飲料の商品企画の担当として独り立ちして、将来は組織のリーダーになってくれることを期待しているから。」

こんな大きな役割を果たす人になってもらうことを期待している、ということを伝えます。

また、自分が上司として、「あなたがそうなれることを信じている」ということが伝わることも重要です。

「将来組織のリーダーになれそうな人という基準で採用されたのだから……」

「これだけのことをもうやれるようになったのだから……」

それまでの経緯や自分自身で見てきたことで優れた部分を取り上げ、裏付けをすると説得力が生まれます。


期待されていることが認識できれば、自分のポテンシャルを認めてもらっているという自信になり、「頑張っていこう」という部下の大きなモチベーションになることは間違いありません。

その効果は私たち自身が自分の経験から知っています。

伝えるメッセージを準備する

- 期待を伝えるためには、準備が必要。
- あいまいにならないよう、伝えることを書き出しておく。
- ポイントを 3 点にまとめると相手にポイントが伝わりやすい。

対象：小林さん
目的：組織から期待されているのだから頑張ろうという気持ちにさせる

【メッセージ 1】
将来は商品企画を引っ張っていくリーダーになってほしいと思っている。

【メッセージ 2】
今までの活躍を見ると、組織のリーダーとしてやっていくポテンシャルが十分ある。

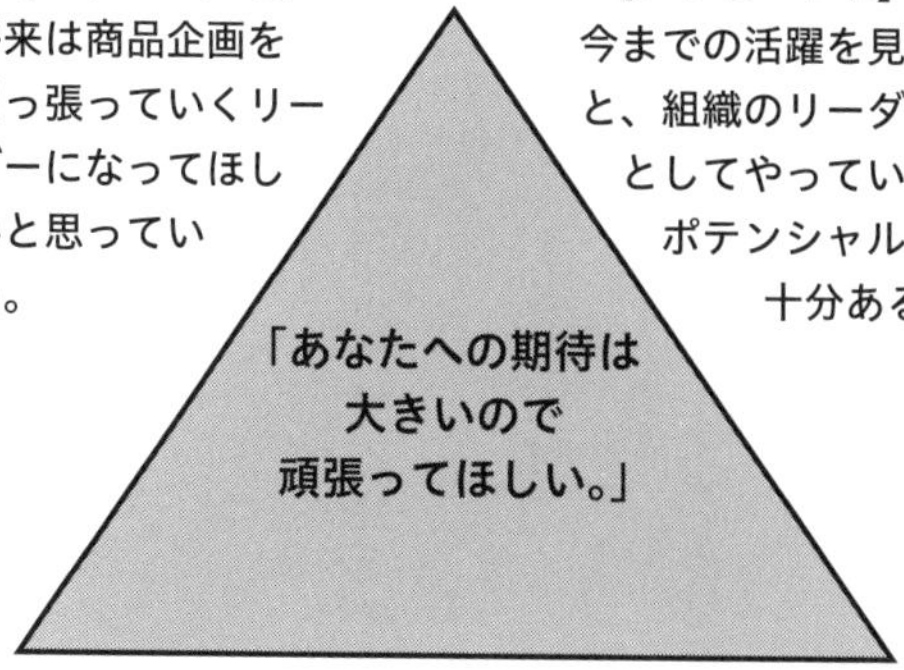
「あなたへの期待は
大きいので
頑張ってほしい。」

【メッセージ 3】
私の責任でサポートするから、どんどん難しいことにチャレンジして力をつけるよう頑張ってほしい。

部下の叫び

もう少しモチベーションを感じる仕事をしたかったんですが……

今日はショッキングな話がありました。

私の担当が、今までやってきた抹茶味の新商品の開発から担当の変更です。

そもそもこの会社は食品の会社ですから、その中で飲料の担当であること自体、窓際的な気がしていたのですが、さらに今までやってきたことからの変更です。

抹茶味の商品は日本でもマーケットが大きくなっていますし、日本だけでなく、アジアに広く展開できる可能性のあるとてもやりがいのある担当でした。

いろいろとアイデアを考えて、商品のコンセプトを絞るところまできていたので、何とか最後までやりたいと思っていました。本当に残念です。

新しい担当は「健康効果のある食品シリーズ」の開発だということです。よくわかりません。

わが社は何十年も「美味しいものを届ける」ことを続けてきた食品会社です。ロングセラーと言われる食品ブランドもいろいろあるんですが、私はまた主力の商品から遠いところの担当になってしまいます。

ほぼゼロベースのスタートだということで、先は見えないし、健康効果のある食品って何かふわっとしていて意味がわかりません。企画担当者として、商品を発売することが何よりも楽しみなのですが、この担当ではいつ発売できるかもわかりません。

先週の会議のあとで社長から担当者をつけてやれと言われたらしく、部長が課長と相談して私を担当にすると決めたようです。

上司の鈴木さんは「社長から言われたそうで、残念だと思うけどお願い！」と言っていました。サラリーマンだからしょうがないんでしょう。

仕事はやっぱり、自分がモチベーションを感じることをやりたいんですけど、どうして、こんな担当になってしまったのでしょう。もっとモチベーションを感じる仕事がしたいです！

上司のアクション その20

役割の意味と価値を説明する。

「こんな仕事を与えられたらモチベーションを感じられない」という人を組織の中で作ってしまったら、それは本当に大きな問題です。

モチベーションを感じずに仕事をしていたら、自分の力が発揮できないですし、成果が生まれるわけがありません。ネガティブな態度は他の人にも悪い影響を及ぼします。

こんな状態になってしまったとすると、一体誰がこの問題を起こしているのか、一体誰が悪いのか、はっきりしておきたいと思います。

それは100%、その人の上司です。

部下が担当する仕事にやりがいを感じさせ、モチベーションの高い状態にするということは、部下を持つ全ての上司が担わなければいけないとても重要な責任です。

様々な調査や研究で語られているように、モチベーションを生み出したり、下げたりする要素は他にもいろいろとあり、要因には世代の違いや個人の違いがあることは明らかです。

しかしながら、担当している仕事の内容自体にモチベーションを感じなければその仕事を主体的にできるわけがありませんので、仕事の内容にモチベーションを感じられる働きかけは絶対に重要なこととしてやっておかなければいけないことです。

「寿命が長くなっていくこれからの時代、健康がますます大切になるので、我々の商品も、美味しさで毎日を豊かにするだけではなく、健康を支えることにも貢献し、これからも社会から求められる企業でいなくてはならない。この役割は、その第一歩を切り開くためのもの。最初は大きなグループではないが、会社にとって重要な戦略的取り組みなので経営陣はこの役割をとても重要なものとして見ている。」

こんな話を上司は部下にしなければなりません。つまり、「この役割にはこんな重要な意味合いがある」「この役割はこんな価値を生み出す」を必ず語る、ということです。

そもそも仕事を与える、担当にする、ということはその組織がその役割を必要としているはずです。また、どんな組織でも社会から必要とされることをやっていなければ残れないわけですから、組織にとって重要なことは社会にとって重要なことにつながっています。

役割は、一見、花形に見えるものと、そうでもないものがありますので、花形であるものは花形としての意味と価値を伝え、特に花形に見えないものは、その役割の意味と価値を明確にすることを上司としてしっかりやり、本人が同じ認識になるように伝えることが必要です。

「こんな仕事だけど、やらなくてはいけないので、ごめんね。」
「私もよくないと思ってるんだけど、なんとか一緒にやるからね。」

役割の意味や価値が高くないことを前提にして、部下に気配りの言葉ややさしい言葉をかけることはアプローチとして完全に間違っているということです。

役割の意味と価値を説明し、とらえることができれば、部下は、社会への価値を意識して、主体的に仕事をする人材になるはずです。

伝えるメッセージを準備する

- 上司の言い方で部下のとらえ方は大きく変わる。
- 前向きにとらえられるメッセージにすることが重要。
- 「この役割にはこんな重要な意味合いがある」「この役割はこんな価値を生み出す」を必ず語る。

×

気遣っても前向きな
動機付けにならない

私もよくないと思ってるんだけど、なんとか一緒にやるからね

こんな仕事だけど、やらなくてはいけないので、ごめんね

○

意味と価値を伝えて
動機付けをする

この役割は、会社がこれから健康志向の会社になっていくための第一歩を担うもの

成功させていくことは会社の新しい歴史を作ること

会社がこのグループを作ったということは戦略的な意味があるということ

最初は大きなグループではないけど、価値のあるプロジェクトになるかは私たち次第。私たちが会社の将来を決める！

部下の叫び

目標を決めさせられるのはどうも好きになれません。

私たちの会社では一年に一回、各自の目標を提出することになっています。

それが評価になるので、目標の話が出る時期には気分が沈みます。

一か月後が来期の「目標管理シート」の提出期限です。

「目標管理シート」には、来期の目標を書かなければいけないのと、その背景として、今期の成果をまとめなければいけません。これが評価につながるところです。

前に書いたときには上司の鈴木さんに言われたことを書きましたが、まずは何と書いていたかを確認しなければいけません。ファイルがＰＣにないので、紙の状態のものを見なければいけないのですが、どこにしまっているのか、見つからなかったら大変です。

とにかく、なんとか紙を埋めて、形にしないといけません。

そもそも、私は「目標」って好きなほうではありません。

課長はよく言います。

「目標が決められてるんだから、目標は必達だよ。とにかく全てが目標を達成しているかどうかだから。数字は厳しく見ていくからね。ちゃんとやってな。」

これって、「ノルマ」ってやつですよね。ちゃんとやってないんですが、そもそも目標を決めさせられるのは私は好きなほうではありません。

こんな仕組みのない会社がうらやましいです。最近は、社員が自由にできる会社が増えているそうですから、わが社はほんとに遅れているんじゃないでしょうか。

上司のアクション その21

コミットする目標を自分で決めさせる。

「目標を立てさせる」ということには、様々な個人的な反応があると思います。ある人は「目標があるからこそ仕事が頑張れる」と言ってモチベーションを持って仕事をしてますが、多くの人たち（実際、それが多数派でしょう）は「目標で管理されて自分の自由度がなくなるので目標は嫌いです」と言います。目標を持って仕事をする状態にすれば本人が「やりがい」を持って仕事ができるということが経営の原則とされているので、多くの場合、何かがうまくいっていないということです。

目標を立てて仕事をしていくというコンセプトは、かの有名なドラッカー（Peter Drucker）氏が１９５０年代に出版した『The Practice Of Management』で語られているManagement By Objectives（ＭＢＯ）の概念で、日本語では「目標による管理」や「目標管理」と訳されています（この翻訳が問題なのですが、それは後ほど）。

この本でドラッカー氏は目標について2つのことを重要なポイントとして語っています。

一つ目は、一人一人の目標が組織の目標を達成するために設定されることの大切さです。どんなに優れた能力を持ったメンバーであっても自分勝手な目標で自分のやりたいことを目指していてはだめだという話です。スポーツで言うなら、どんなに優れた世界一のプレーヤーでも自分の記録を出すことだけを考えるプレーヤーはチームにとっては困った存在になるということです。全てのメンバーがチームが勝つことを目標にするべきで、個人の目標はそのために自分が果たすことは何なのかで決めるという考え方です。ドラッカー氏はこれをチームワークと言い、組織の成功はチームワークからしか生まれないと言っています。目標は自由ではなく、組織の目標ありきである。この意味では、一人一人の目標は組織に縛られるということになります。

しかし、これと組み合わされているのが、二つ目のポイントです。

それは、一人一人が目標を持つ仕組みで仕事をするときは、必ず本人が「これをやるぞ」とコミットでき、やりがいを感じるものになっていなければならない、ということです。

ドラッカー氏は、目標によって上が下を支配するようなことはあってはならないし、もし、そうなってしまうと目標には逆に悪い効果しかないと言っています。まさにこれが日本の多くの組織に起こっていることです。日本語の訳が「目標管理」となってしまったことで、「目標で組織を管理する」というニュアンスが付いてしまい、運用がそうなってしまったのでしょう。

実は、ドラッカー氏はあるべき姿として、"management by OBJECTIVES AND SELF-

CONTROL”という言い方をしています。つまり、目標だけあればいいということではなく、「目標とセルフコントロール」で組織が運営されている状態、つまり目標を一人一人が自分の目標と感じ、やりがいを感じ、達成のために自ら自分をコントロールして仕事をする、そういう状態を作るべきだと言っています。

そして、この状態を作るために、ドラッカー氏は、

1）本人が上司と十分に話をして、組織の目標を十分に理解し、

2）その中で自分の果たすべきこととして自分自身で目標を書き出し、

3）最後に上司の合意を得ることで目標を決める。

このプロセスを踏むことが必要だということを強調しています。

つまり、上司のアクションとしては、まず、部下に組織の目標をしっかりと説明し、目標を自分自身で考えさせ、書かせ、自分自身のものとして完成させる。最終的には、本人がコミットして「これをやるぞ」という気持ちになる目標を決めさせること、それが重要なことなのです。

目標はやりがいを生み出すもの

×	○
目的：さぼらせない（さぼる人向けには正しい目的）	目的：部下の力を引き出し主体的な人材を作る
上司が部下に果たしてほしい目標を決める	重要な領域の確認 やりがいを感じる目標を部下が自分で考えて、上司と合意
＝上司から一方的に決められる	＝部下がコミットする
↓	↓
上司が部下をコントロール ノルマとして管理される	部下がセルフコントロール 自分自身を目標に方向づける 自分自身のチェックになる
↓	↓
「やらねば」と思うが、 ネガティブなストレスに支配される	「やらねば、やりたい」という自分の意志で やりがいを持って前向きに取り組める
「これ以上は勘弁してくれ」となる	「次へ次へ」となる

部下の叫び

どうしたら「指示待ちだ」と言われなくなるんでしょうか？

「もうそろそろ、指示待ちの仕事の仕方じゃだめでしょ。」

課長に最近厳しく怒られます。

「自分で仕事を動かす人になっていかないとだめだよ。小林さんも自分で自分が受け身なのがわかってきてるでしょ。」

いやぁ、これは微妙です。もちろん私がまだできていないのはよくわかるんですが、仕事の基本は「報・連・相」ということで、これはちゃんとやろうと思ってやっています。これがまだ足りないのでしょうか。報告はしてますし、連絡もしてますし、相談もしているのですが、ちょっとピンときません。

上司の鈴木さんの指示の通りのことはちゃんとやってますから、結構頑張っていると思っているんですけど、ちょっと遅いということなんでしょうか？　もう少し早く作業ができるようになれば確かにもうちょっと認められる気はします。

作業が終わったら、指示を待っているのではなく、指示をもらいに行っているのですが、ああ、これが遅いとか、もっとやらないと、ということでしょうか。

「鈴木さん、こちらの件、期日が迫ってきてるんですが、どうしたらいいですか？」

早速、上司の鈴木さんに聞きに行きました。すると、鈴木さんは、

「小林さん、これだよね、課長が言っているのは。指示をもらわないと動けない仕事の仕方だよね。」

え？　指示をもらいにいったのもだめなんですね。

どうしたら「君は指示待ちだ」と言われなくなるのでしょうか？　かなり混乱しています。

上司のアクション その22

提案を持ってこさせる。

「私の部下は、みんな指示待ちなんです。」

「うちの部下たちは、ホントに自分から動かないんです。」

こんな問題を解決するため、まずは、「提案を持ってこさせる」をやりましょう。

「指示待ち」の状態とは言い換えれば、「『何をするべきかを考えて動かしていかなければいけない』という認識がない」ということです。そこで、何をするべきかを考えなければいけない状態にしてしまうというアプローチです。ラグビーで言えば、ボールをパスして部下に持たせてしまう、ということです。ボールを持たされれば、自分の動き方を自分で考えざるを得ません。

「来週の火曜日のお昼までに、この件、まずは提案をまとめてみて。」

「どうするのがいいか検討して、まずは提案して。明日の朝に聞かせて。」

「来週相談しよう。どう進めていくのがいいと思うか提案して。」

部下に動かしていってほしいことは、必ず部下に提案をまとめさせることから始めるパターンを徹底します。

部下は「提案を持ってきて」と言われても最初はどうしたらいいかわかりませんので、提案するためにどうしたらいいかを教えてあげる必要があります。

「まず、今までにどんな方法があったかを過去の書類から情報を集めて、違うアプローチがあると思うので、それぞれのいいところと悪いところを表に整理して比較して、何がいいかを自分の意見で決める、という流れね。しっかり書類にまとめてね。」

最初は手順を指示することになりますが、提案させることを繰り返せば、部下も提案をするときに何をするべきかを身に着けていきますので、手順の指示を減らしていけます。

また、提案することに慣れてきても何もサポートをしないで「提案して」では無茶振りになってしまいます。上司としては部下が的確な提案をするために知っておくべきことを教えておいてあげることも必要です。組織が重要だととらえていること、はずしてはいけない基本的な考え方など、これも、部下の力に合わせて、部下がうまく提案をできるようサポートをします。

部下が提案するサイクルで仕事を動かしていくには、上司として自分自身の仕事の仕方を少し変えなければいけないでしょう。

部下が持ってくる提案は自分が考えるときほどよくできていないと思うのは当然です。場合によっては大きな考え直しが必要な時があります。ですので、スケジュール管理に問題が起きないよう、自分が時間的な余裕を持って先取りして働きかけることがポイントになります。具体的には、部下に一度考え直させるステップが必ず要るという前提でスケジュールを考えておくといいでしょう。

これを徹底してやっていけば、部下は自分の提案で仕事が動いていくことを感じ、仕事を動かしていくことを面白いことと感じるようになるはずです。

提案を持ってこさせる

- 仕事のスタートを常に「提案をして」にする。
- 主導権を部下に渡すイメージ。
- 「部下が主導、上司が対応」のパターンにはめる。

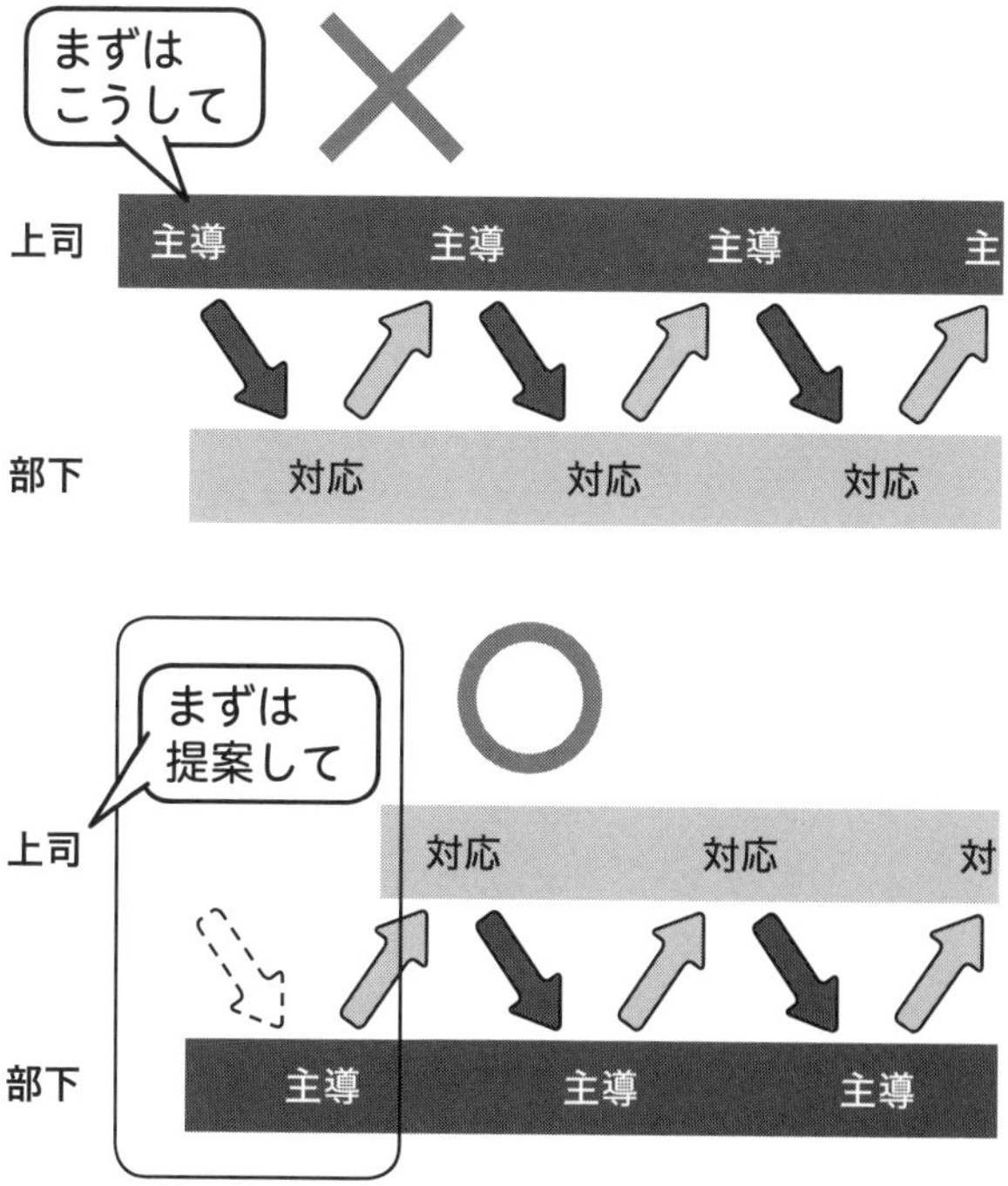

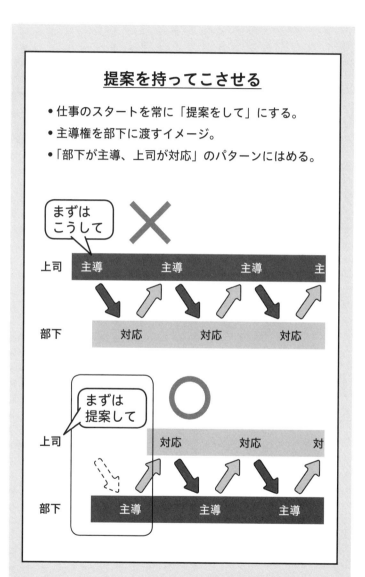

部下の叫び

こんなに聞いてばかりでいいのでしょうか？

「すみません。鈴木さん、ちょっといいですか？」

「うん。何？」

「この調査の、この質問、この聞き方でいいですか？」

「……うん。いいんじゃない。」

「ありがとうございます。」


「すみません。鈴木さん、調査の内容を作ったんですが、どうしたらいいですか？」

「営業の人たちに、何か追加したいことがないか聞いて。」

「わかりました。ありがとうございます。」


「何度もすみません。課長のＯＫももらわないといけないですよね。」

「そうね。」
「何を準備したらいいですか？」
「企画書を仕上げて、今作っている質問用紙、それとスケジュール。大丈夫？」
「はい。大丈夫です。だいたいそんなイメージでした。」

鈴木さんは本当にいい上司なので「いつでも声をかけて」と言ってくれています。ただ、今日も10回くらい、「ちょっといいですか」と聞いたし、昨日も、おとといも同じでした。

相談したいこともあるんですが、鈴木さんは忙しそうですから、聞くことだけ聞いて進めています。

来週は1週間、鈴木さんがまた出張ですけど、どうしたらいいのでしょうか？

あっ、ＳＮＳでいいですね。

でも、なんかあったらすぐに上司に聞くって、ちょっと自分でもこれでいいのかわかりません。独り立ちできてない気がします。このままで私は独り立ちできるのでしょうか？

上司のアクション その23

週に一回のミーティングをセットする。

「いつでも何でも聞いて」と気軽に声をかけられるようにしてあげるのは決して悪いことではありません。むしろ、絶対にそうしてあげるべきでしょう。

しかしながら、いつも何でも上司に聞いて仕事をする、という仕事の仕方をいつまでもやる人材にならないようにしないといけません。

上司に聞きながらやる、というのはその場をどうしたらいいだろうか、という対処を繰り返す仕事の仕方になっているはずです。逆に、育てたいのは、わからないことがたくさんあるにしても、自分で情報を集め、自分で考え、自分で仕事を進めていく人材です。

そこで、上司のアクション、それは「週に一回のミーティングをセットする」ことです。

「いつもすぐに聞く」という仕事の仕方ではなく、週に一回のミーティングを、仕事を進めていくチェックポイントにして、一週間のインターバルで仕事を進めさせるというイメージです。

そして、その途中で何かあれば何でもすぐに聞ける。これが主体的に仕事をする人材を育てるための上司と部下のワークプロセスです。

例えば、月曜日に1時から2時30分まで、必ずミーティングをすると決めておきます。新入社員の部下は頻度を多くする必要があります。最初は30分を毎日、1、2か月で慣れてきたら次は週に2回、例えば月曜と木曜、などです。

このミーティングは、上司が部下に指示を出すミーティングではなく、部下が上司に話をするミーティングとして、部下に話を準備させます。内容は、

—前回からの進捗
—現状の課題と解決の考え方
—これからの予定

毎週、部下には、話の要点を箇条書きした「トークシート」を準備させます。これを繰り返すことで、話をしなければいけないことを整理する、ポイントを明確にして話をする、というコミュニケーション力の訓練になります。報告だけ、連絡だけ、相談だけではだめで、部下の意見と提案があることが重要です。自分が進めていこうとすることを上司に話し、上司の了解、承認をもらう、よりよくするためのアドバイスをもらう。部下が中心になって自らの「提案」で仕事を進める仕組みです。

週に一回はあくまでも土台の部分です。部下と週に一回しか話をしないのでは、大きな問題を起こしかねませんので、「すぐに報連相をしなければいけないことは何か」の認識と併せ、「いつでも声をかけて」としておくことが重要です。上司としては一日何回かは声かけをし、様子を見て、必要なことはリアルタイムで話し合って仕事を進めていくことも重要です。

週に一回のミーティングで上司と必要なことを確認し、次のミーティングまでの一週間、自分の仕事を自分で進めていく、まさにセルフコントロールの状態を作ります。繰り返すうちに、自分で仕事を動かしていくということはこういうことだということを部下がつかみ、行動を起こすようになるでしょう。

週に一回のミーティング

- 定期的なミーティングで仕事を進める仕方を身に着けさせる。
- 部下がミーティングの準備をしてくる（自分の仕事を進めていくために必要な「報告」「相談」「計画」など）。
- 上司が「承認」「アドバイス」。
- 次のミーティングまで、部下は主体的に仕事を進める。
- 必要なことはミーティング以外でもタイムリーに報告と相談をする。

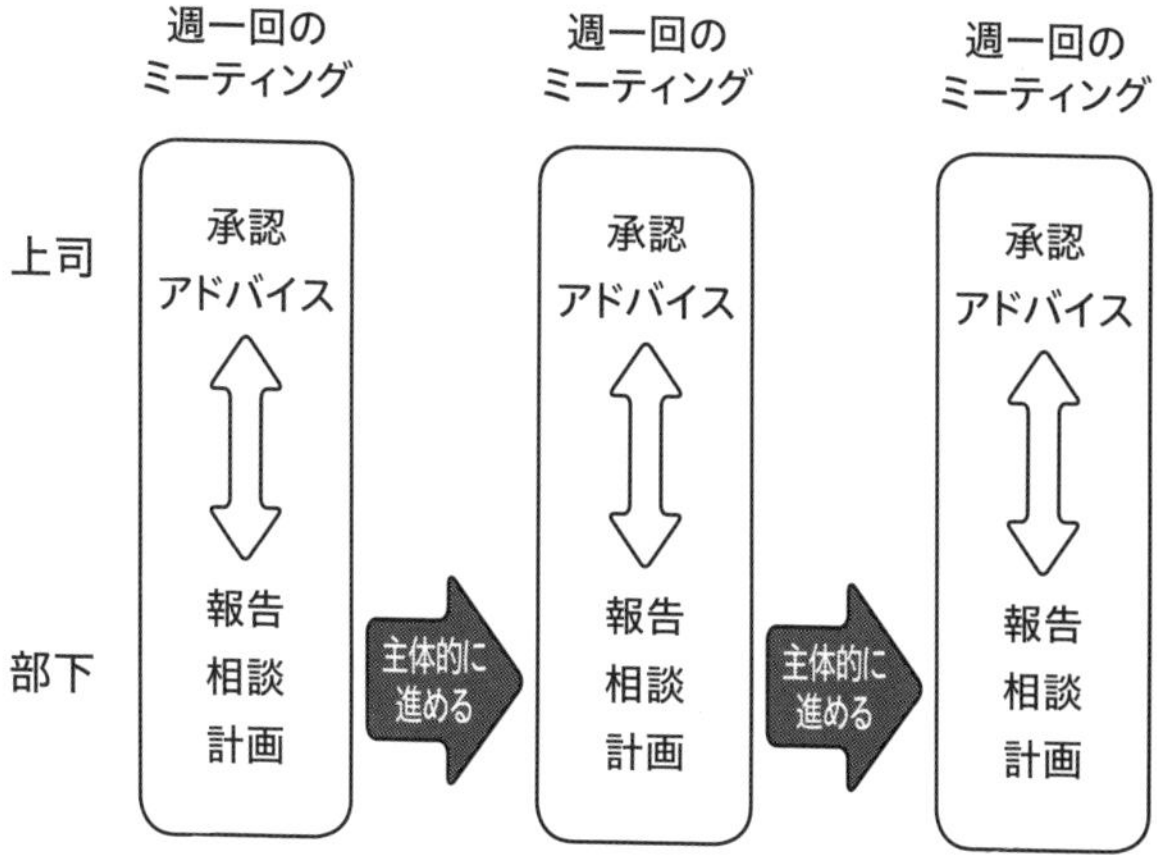

部下の叫び

自由にやれって言われても……

私たちの会社は「みんなが力をフルに発揮する組織にすることを目指している」と改めて人事から聞きました。

いつも、鈴木さんも、課長も会社の方針の通り、「自由にやりなさい」「なんでもやっていいんだよ」と言ってくれます。

本当にこの会社の考え方は大好きです。自由にできる会社に入って本当によかったと思います。素晴らしいです。

そして、社長からまた発信がありました。

「みんな、自分の力を十分に発揮してください。発想は自由に、行動も自由に。チャレンジです。失敗してもかまいません。」

「社長の言っている通りだけど、小林さん、もう慣れてきたんだから、もっと自由にやってね。」

今朝も課長から言われました。


上司の鈴木さんからも言われました。

「失敗してもいいんだから。それがこの会社のいいところだから。」

鈴木さんが続けます。

「小林さん、なんかもったいないよね。社是は自由なんだから。もっと自由にやってよ。」


私も頑張らなければいけません。もっとやらなければいけないのは感じてますし、失敗してもいいのはわかっているんですが、実は、どう考えていいのかわかりません。

自由にしろって言われても、そこまでやったらだめでしょ、となったら大変です。

さすがに変なことをしてはまずいでしょうから。


鈴木さんのようにうまくできる気がしません。

上司のアクション その24

自由にしてほしいときは守ることを決める。

「自由にやりなさい。失敗してもいいから。」

上司としても、部下に思いっきりやってもらう、ということは本人の成果を最大にするためにも、力をつけるためにも重要なことですので、繰り返し働きかけなければいけません。しかしながら、期待に応えて部下がのびのびやってくれるということはなかなか現実では起こりません。なぜなのでしょうか。それは「自由にやる」は、部下にとっては大変難しいことだからです。

私はいろいろなワークショップをやっていますが、よくその中で、「何でもいいですから自由に発言してください。何でもいいですから」と言います。心の底から自由に何でも思うことを言ってもらうことが重要だと思うからそう言います。しかしながら、結果は決まっています。まず誰も何も言いません。何でもいいと言っていますから何でもありのはずです。でも誰も何も言いません。なぜなのでしょうか。それは「自由に」ということが、あまりにも広く、参加者は一体どのようなことを考えて発言したらいいかわからないからです。

心理学者のBarry Schwartz氏は、『The Paradox of Choice』で、自由に何をしてもいいという選択肢があると人間の決める力は「麻痺」をする。自由度がありすぎて、選択肢が多すぎると、その中から正しいことを選ばなければいけないと悩み、結局どうするか決められない、と言っています（マーケティング界で、商品の選択肢を作りすぎないことの重要性が叫ばれるようになったのはこの本が一つのきっかけだったと思います）。

仕事においては、「失敗してもいいから自由にしなさい」と言われても、さすがに実際には許されることと許されないことがありますから、「どの程度までOK」「どこまでOK」がわからないため、何をするかを決められないということになります。

そこで、上司のアクションです。自由にやってほしいときは、必ず「守らなければいけないことを決める」ということです。「これを守れば、あとは自由でいいよ」という枠を作ってあげるということです。

「どんなアプローチでもいいよ。でも、あくまでもこの目的を一番効果的に達成する方法ね。」

「お金の使い方は任せるよ。でも予算は絶対5万円以内だから。」

「新しい情報の集め方で自由にやって。ただ、一週間で一つの方向性にまとめて。」

「他の部署に混乱を起こしてはいけないので、他の部署に話をする前には私に確認して。」

こうすると、部下は、「この範囲であれば、自由にしていいんだな」「これを守る限り自由にしていいんだな」と許可をもらった感じになることができます。

守ることとして、どんな制限や条件を決めればいいのでしょうか。

一つは、絞っておいてあげると部下の仕事はうまくいく、ということ。部下が違う方向に行かないためのガイドラインというイメージです。

もう一つは、上司として部下にはずしてもらっては困ること、つまり、本当にコントロールしておきたいことです。お金、ヒト、モノ、時間、情報のコントロールです。

子供のころに親からも言われました。「遊んでいいけど、道に出ちゃだめだよ」。

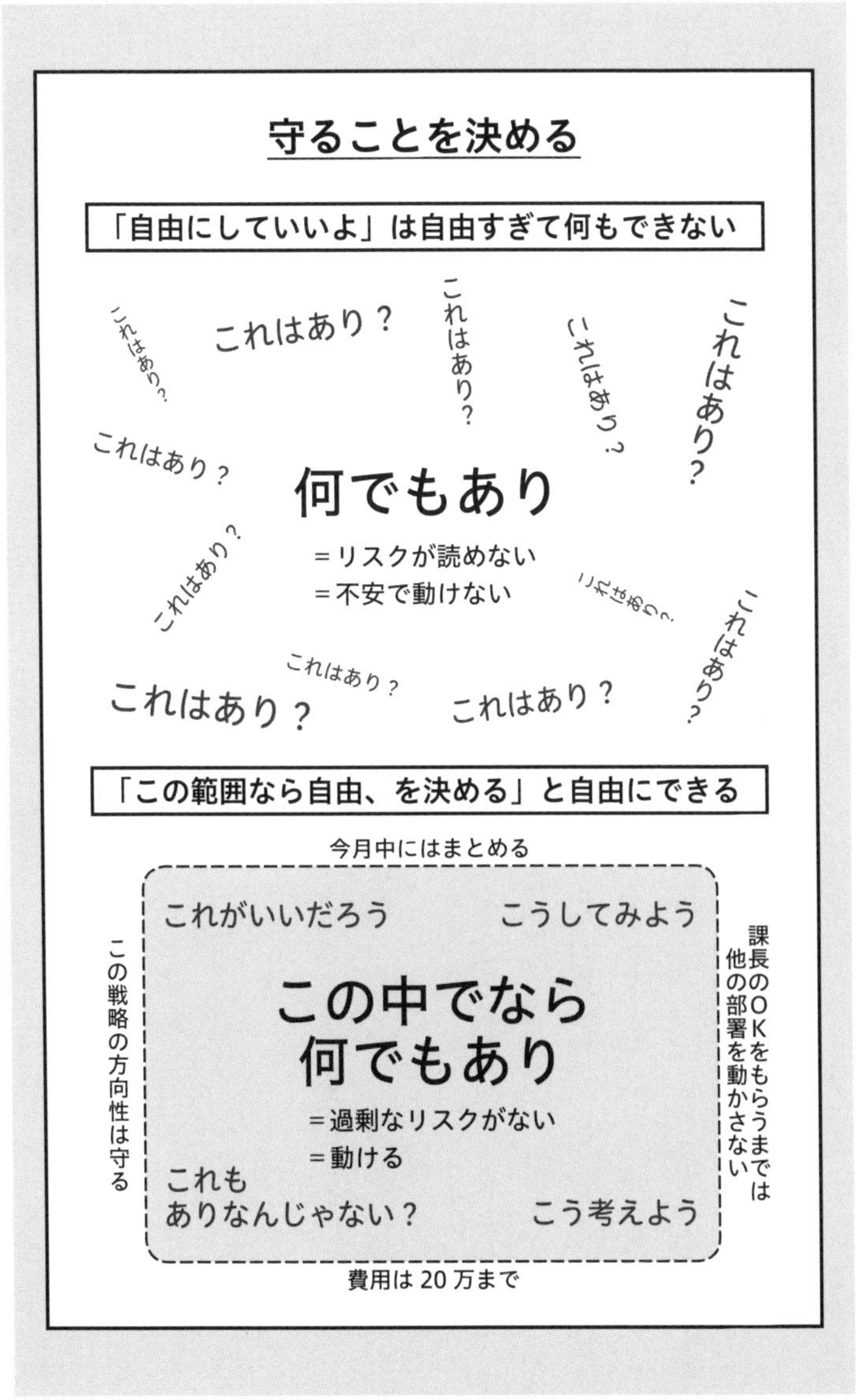
守ることを決める
「自由にしていいよ」は自由すぎて何もできない
これはあり？
これはあり？
これはあり？
これはあり？
これはあり？
これはあり？
何でもあり
＝リスクが読めない
＝不安で動けない
これはあり？
これはあり？
これはあり？
これはあり？
これはあり？
これはあり？
これはあり？
「この範囲なら自由、を決める」と自由にできる
今月中にはまとめる
これがいいだろう
こうしてみよう
この戦略の方向性は守る
この中でなら
何でもあり
＝過剰なリスクがない
＝動ける
課長のOKをもらうまでは
他の部署を動かさない
これも
ありなんじゃない？
こう考えよう
費用は20万まで

部下の叫び

その後、進んでいませんでした……

新しい商品のアイデアを5種類作ったので、一週間前、インタビュー調査をしました。5種類のアイデアへのユーザーの反応を知りたいので、結構、大掛かりな調査でした。

全部で15人のターゲットの方に一人一人インタビューしましたが、結果はバラバラでした。ラインアップがわかりやすい商品のシリーズを自分だったら買うと言っていた人が多かった印象です。皆さん、あまり考えたくないから、とにかく一つを選びやすく、ということでした。また、いくつかわかりにくいところを指摘されました。他のユーザーさんはいろいろあるほうがいいと言っていました。いろいろある中から説明をしっかり読んで、自分に合うものを選ぶそうです。残りの方々も、それぞれの好みがあって、選ぶものも違いました。本当に多様性の時代です。

いつもですけど、調査は難しいです。大変でした。何度かやったので、何とか誘導尋問にならないように、商品のアイデアをどう思うかの本音をちゃんと聞けたとは思います。聴いていた上司の鈴木さんも、営業の二人も、「とてもいい調査だった」と言ってくれました。鈴木さんは別件で先に帰ったので、その後、営業のお二人と残って話を続けました。認識を共有できてよかったと思います。


そして、今朝、鈴木さんに聞かれました。

「先週の調査のあと、どう進めようとしてるの？」

「はい。やっぱり、シンプルなのがいいとは思うのですが。」

「で、具体的にはどうするの？　修正するところは？　営業の二人と確認した？」

「いや、あの後は確認していません。」

「えっ、具体的に、この後どうするか、はっきり決めてないの？　それじゃ、進まないでしょ！」

確かに調査は頑張ったんですが、その後、どうするかをはっきり決めていませんでした。

鈴木さんの言う通りです。確かに、この一週間、何も進んでいませんでした……

上司のアクション その25

ネクストステップを言わせる。

ネクストステップを、
1）自分で考えて、
2）明確にする
こんなことができるようになれば、仕事は自立して進めていくことができます。

何度か同じような話が出てきましたが、私たちはどうしてもいろいろなことを「あいまい」に済ませてしまいます。

日本人のコミュニケーションは、お互い「あいまい」にしておいて敵を作らない、というのが戦略ですから、私たちは大人になるまでに本当に「あいまいさ」をうまく使うことができるようになります。と、同時にあまりにも「あいまい」に慣れているので、「あいまい」の問題に気が付かず、仕事がうまく進まなくなったり、認識が違ってしまったり、混乱をまねいたりしてしまいます。また、「あいまい」のままにすることが多いので、「あいまい」なことを「明確に」することはとても難しく、これができるようになるには、しっかりと意識をした訓練をしなければなりません。

つまり、「あいまいではいけないこと」を「あいまいにしない」、という習慣をつけることが部下育成では最も力を入れるべきことの一つということになりますが、特に「あいまい」になりやすいのが、「次に何をするか」ということです。

何かが終わった後には次を考えるのがつい面倒になってしまいます。特に、思った通りに行かなかったことがあると、どうすればいいかを考えるのは難しいことなので、つい、あとでやろうという気持ちになります。その後、何が起こるかというと、結局、よくわからなくなって仕事が進まなくなってしまう、または、上司から何か言われるまでそのままにしてしまう。これでは成果を生み出す人材にはなれません。

毎回、結論を出して、しっかりと仕事を次に進めていくためには「次に何をするか」、つまりネクストステップを決めることが決定的に重要です。

また、これも、部下の仕事の仕方を提案型の仕事の仕方にさせる一つの方法です。

「ネクストステップは?」

こんな簡単なことですが、上司である自分自身が、面倒くさがらずに、部下のために聞いてあげることが大事です。内容についても、なんか言ったからいいだろう、ではなく、本当に次に進むにあたり、的確なアクションになっているかどうかをしっかりと評価してあげることも、もちろん欠かせません。

これも同じで、繰り返していくうちに「自分で次に何をやるべきかを考えなければならない」という認識になり、そのうち(できれば早いほうがうれしいですね)部下自らからネクストステップを言うようになるでしょう。

「週に一回のミーティング」のところで触れた部下が用意するトークシート、ここにそれぞれの項目について必ずネクストステップを書いてきていることを見れば、部下の仕事の仕方に染みついたかを確認できます。

これができていれば、部下は自立型で仕事ができる部下に育ったということです。ネクストステップを言わせることを徹底的にやっていけば、必ずそうなる日がすぐにやってきます。

ネクストステップを必ず明確にさせる

オッケー！　じゃあ、ネクストステップは？

そうね。ネクストステップは？

ネクストステップは？

わかった。ネクストステップは？

そういうことね。ネクストステップは？

それで、ネクストステップは？

これからが大変だけど、ネクストステップは？

いい話し合いだった。ネクストステップは？

報告ありがとう。ネクストステップは？

結論が出てよかったね。ネクストステップは？

- このくらい必ず聞かれれば考える習慣がつくでしょう。

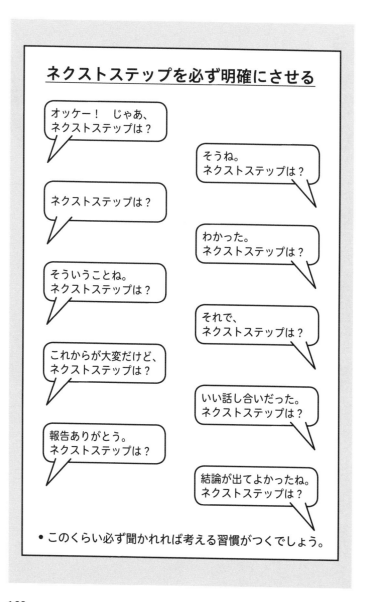

部下の叫び

現実的には無理なことを目指してもだめなんじゃないですか。

部長との四半期に一度の新商品企画戦略会議でのやり取りです。

「じゃあ、次、小林さんのプロジェクトの話を聞かせて。会社にとって重要な戦略プロジェクトだからね。もう、動き始めて2か月だから、どんな方向性が見えてきたか楽しみだよ。」

「わかりました。では、説明させていただきます。まず、目的ですが、食品会社であるわが社がこれからの健康志向の時代に、健康をサポートする食品を一つのカテゴリーとして確立することです。」

その後、今までの調査でわかったこと、今の時点でどんな商品に可能性がありそうかということを説明しました。すると、途中で、部長が言いました。

「いや、なんか、話が小さいんじゃない？　何を目指してやってるの？　君たちは。今までの話を聴いていたら、成功しそうもないよ。どの方向性も大した規模にならないでしょ。なんでこんな話になってるの？　そもそも目標にしている売り上げシェアは？」

「はい。業界のジャイアントと、次の2番手グループがありますので、我々は、そこまでは現実的ではないと考えてまして……営業の部門と相談しているんですが、我々はこの領域で力がないので、現実的にはそれ以上を目指すのは……リスクがあると思いますので。」

「はぁ?!　君たち何考えてるの？　これはこの会社の未来を作る戦略的なプロジェクトでしょ。何が『現実的には』だよ。何が『リスクが』だよ。目指すのはもちろん業界で一番だよ。やるからには一番だよ。難しいのはわかってるよ、それを何とかするのが君たちの仕事でしょ。」

ここで、会議は解散になりました。部長から「ちゃんとやり直せ」という指示です。


部長は「理想論者」なんでしょうか？　無理そうなことを目標にするなんて、部長は現実がわかってないんじゃないでしょうか。

今までに私は周りの先輩方から「達成できる目標を決めて達成することが大切だ」と教わってきました。組織として成功体験を積み重ねていくことが大事だと。

上司のアクション その26

「高いところを目指そう！」と働きかけ続ける。

これから育成をしたい未来の明るい人材も、長い経験のある悪い影響を与える人たちに取り囲まれると、よくない思考を刷り込まれてしまいます。とても大きな問題になるのが、目標を低くセットする思考になってしまうことです。

「現実的にはこうだろう、だからこの目標が妥当だよ。」

まるで、よくビジネスをわかっている人だからこそ言えるような印象で話をします。ですが、実際は何と言っているかといえば、

「達成可能なことしか達成できないでしょ。」

「高い目標を立てたら大変でしょ。だから頑張らないでできることをしておこうよ。」

こんなことです。

これでは優れた成果を生み出すことは絶対にできません。残念ながら、こう仕事をしている人がどの組織にもかなりの割合でいます。部下が、こんな思考にならないように上司として働

きかけなければなりません。

私たちが育てたいのは、
「難しいことに取り組むからこそ、仕事は面白い。」
「この目標の達成は難しいけど、絶対に何とかするぞ。」
と思うことのできる人材です。

そのためには、「高いところを目指そう！」と働きかけ続けることが必要です。

「高いところを目指して何とかしようと思ってやるからこそ、優れた成果を生み出せる。このくらいでいいや、と思ってやったら、そのくらいになる」。理屈はこんなシンプルなことです。

一回戦は勝ちたいよね、と言って練習をする人は、一回戦で勝つか負けるかの人になりますし、絶対次回は優勝したいよね、と言う人は優勝を争う人になることができるのです。
言い換えれば、これは「基準を高くすることの大切さ」を教え、「基準の高い人材に育てる」ということです。基準が本当に高ければ、現状を見て「これではいかん」と思い、「やらねば」「やりたい」と思うことが次々に自分自身の中から湧き出てきて、仕事の仕方も主体的になります。

こんなシンプルな話なのですが、大きなバリアがあります。それは、多くの組織で目標に対する「達成率」が評価になっているということです。これでは高い目標を掲げる人材を育てられません。

高い目標を掲げれば、どれだけ本気でどれだけ頭を使っても、結果、達成できないこともあります。

１００点を目標にして達成率80％で80点の人。70点を目標にして、達成率１００％で70点の人。組織として評価を高くすべきなのは本当は80％の80点です。しかしながら実際に評価が高いのは１００％の達成率で、結果70点の人になってしまうのです。

目標の難易度が全員同じならば達成率でいいのですが、まずそうはなっていませんから、目標が低めの人が高い評価を得てしまいます。評価のためにみんな目標を低くしようとします。

こんな評価制度は絶対変えるべきだと思いますが、そうは簡単に変えられないでしょうから、人事に提出する書類には評価をにらんで「現実的」なことを書いておき、実際に職場では高い目標を本気で目指していく、ということをやるのがいいと思います。

「高いところを目指す」

- 高いところを目指すのは優れた成果を生み出すため。
- 普通の目標を立てると今までの延長線上で終わる。
- 高い目標を掲げ、新しいアイデアで必死に達成しようとすると、たとえ達成できなくても、優れた結果が生み出せる。

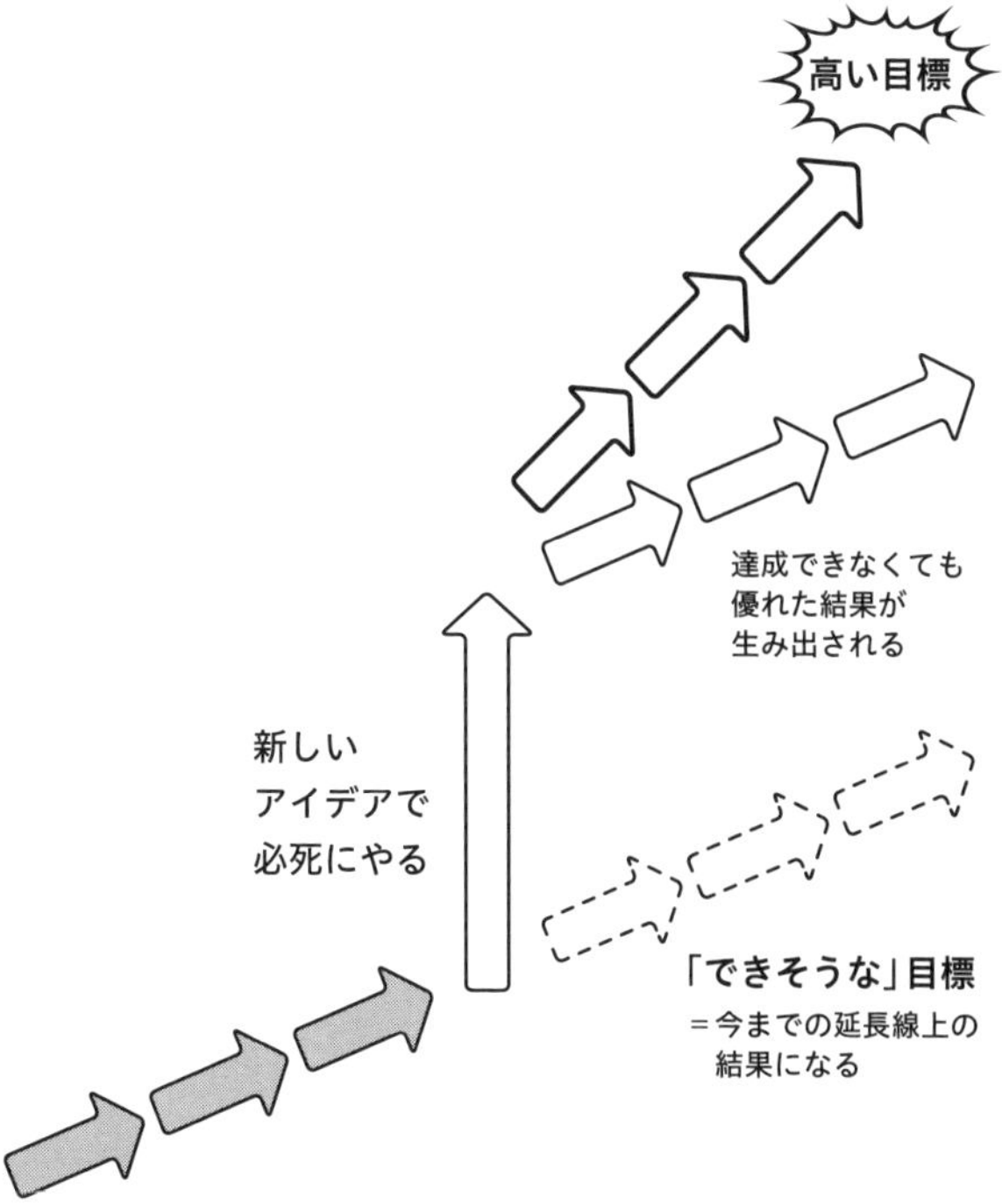

部下の叫び

できている気もしているのですが、自信が持てません。

最近、自分のプロジェクトは自分なりに進めていけるようになった気がしていますが、本当にまだまだです。他の部署との会議のリードも任せてもらえるようになりましたが微妙です。

「今回のプロジェクトでは、是非今までの枠にとらわれない発想で新しい商品を企画していきたいと思っています。そのため、製造では大きな生産ラインの増設が要るかもしれません。スペースの問題もあると思いますが、どうしたら実現できるのか、相談させていただきたいと思っています。よろしくお願いします。」

いい感じで前もって問題になりそうなことをお話ができた気がしていました。

ところがそこに鈴木さんのコメントです。

「具体的にはもう少し見えてきたら相談させていただきますので心配しないでください。」

あれ、私の言い方がちょっとまずかったのでしょうか？　微妙です。

結構会議はうまくできた気がしましたが、鈴木さんの反応が微妙だったので会議室からの帰りに鈴木さんに私の他部署とのコミュニケーションの仕方はどうだったのか聞いてみました。

「よかったよ。」

本当でしょうか？　とりあえず、今回は会議の目的は果たしたとは思いますが、プロジェクトのリーダーとして、うまく進めていけている気がしません。前よりはできるようになった気はしますが、どうも自信が持てません。

そういえば先週、マーケットの分析をして、成功のポイントを自分の意見としてまとめた書類を出したときに、鈴木さんから反応がなかったので、どうでしたかと聞いてみたら同じことを言われました。

「よかったよ。」

この「よかったよ」は本当でしょうか。

結構、頑張ってきたんで、できている気もしているのですが……

上司のアクション その27

褒めるところは具体的に褒める。

P&Gで働いていたころのこと、あるアメリカ人が私のグループの上司として日本に赴任することになりました。

このアメリカ人上司は初日に私に聞きました。

「タカダさん、Excellent とか Very Good って日本語でどう言うの?」(もちろん英語で聞かれましたが)。なんで、こんなことを最初に聞くんだろう、と私は思いました。

次の日、その理由がわかりました。私の部下が書いた書類に彼から赤ボールペンでコメントが書いてありました。

「シバラシイ!」

変な日本語に慣れている私たちもさすがにこれには大爆笑でした。

ただ、私は本当にこのコメントに感心しました。このアメリカ人上司は部下たちのいいところを褒めることを一番大事なことだと思っているんだと。最初に使った日本語が「シバラシイ」

ですから（言うまでもなく、本当は「素晴らしい」と書いたつもりだったのですが）。

これは上司力として学ばなければ、と決心した私はこのときから、意識をして「いいときは褒める」をやっています。

アメリカの文化では「前向きにいこう」という意識がとても強いので、アメリカ人の上司はいいことを語ることをとても重要なことととらえて部下と接します。私たちの日本文化は、どうでしょう。学校の先生は褒めてくれますから、褒めることは少ない、ということでもないと思いますが、職場で褒めることをきちんとやっている上司はかなり少ないと思います。

簡単に「うかれていてはだめ」というところがあるからでしょうか、よっぽど目立つことは褒めますが、普通にいいことを褒めるのは得意ではありません。

部下育成のためです。上司のスキルとして「褒める力」をつけましょう。これも訓練です。

間違ってはいけないのは「何でも褒めるいい上司になろう」という話では決してないということです。目的は、部下が自分自身で認識しておくべき部下のいいところを認識させるということです。ポイントは3つ。

1）本当に褒めるべきところを褒める

2）何がいいのか具体的に褒める

3）面と向かって褒める（「面と向かって期待を伝える」と同じです）

特に何がいいのかを具体的にするということが重要です。「小林さん、すごいよ。偉いよ」では不十分です。

「データをよく分析して、重要なポイントを見つけて、何をすべきか提案してきた、ということは仕事を自分で進めていくという意味でとてもいいよ。続けてね。私は違うデータの見方をして違う結論を言うかもしれないけど、それはいいんだから。提案をすることがいいことだよ。」

いいところを褒められてうれしくない人は絶対にいませんから、褒めたことは、確実に自信につながり、自分で積極的に仕事をする人材に育っていくことは間違いありません。

褒めるところは具体的に褒める

具体性なく褒める

- 「よかったよね」
- 「すごいね」
- 「感心したよ」

↓

- 何のことだかわからない
- 何をいいことと認識すればいいのかわからない
- 実感が持てない、信じられない

具体的に褒めるとは

- いつの、何が
- どうだったのか
- なぜよかったのかを褒める

↓

- 学びになる
- 自信が持てる
- 結果、やりがいを感じられる

部下の叫び

ダメ出しで落ち込みきってます。

鈴木さんには最近ちょっと褒められるんですけど、だめなことばかりです。今日は、かなりダメ出しをされました。


「小林さん、頑張ってくれてるのはわかるんだけどね。」

「はい。ありがとうございます。」

「だけど、かなり気になってるのがね、他の部署の人に話をするときに、相手が心配になるような言い方になっちゃってるんだよね。」

「はぁ。」

「私たちの仕事は他の部署に動いてもらう仕事だからね。言い方がおかしいと他の部署の人たちが心配になっちゃうんだよね。わかるでしょ。」

「はぁ。」

「ちゃんとやろうね。」

午後にもまたありました。


「作ってもらった書類なんだけど……」

「はい。」

「なんか、新入社員レベルとまでは言わないけど、ちょっとね。」

「そうですか。すみません。」

「こんなにわからない書類を作っていたらだめだよね。」

「すみません。もう一回書いてみます。」

「大丈夫。もう私が作るからいいよ。」


先週やった試作品の調査もいい結果が出なかったですし。そのときも鈴木さんから「こうなるのは最悪だね」と言われました。この仕事に向いていないのでしょうか。落ち込んでます。

上司のアクション その28

ネガティブなことも前向きになるように働きかける。

やはり、人間は感情で動きますから、前向きな気持ちにならなければ、仕事には集中して取り組めませんし、なかなかてきぱきと先に進めていくこともできません。「さあ、やっていこう」「頑張っていこう」という気持ちでいることが成果を決めるのは言うまでもありません。

仕事は簡単ではありませんから、うまくいくときもありますし、うまくいかないときもあります。どんなに優れた理論と戦略で、どんなに必死に頑張って仕事をしても、思い通りにいかないことは必ず起きますので、うまくいかなかったときにどうするのかが重要です。

沈み込んでしまっていても価値のある時間にはなりませんから、沈み込んでいる時間を短くして、早く「前向きに」気持ちをセットします。

「結果が出なかったからがっかりだよね。反省会しようか。」

と言って悪い結果の話にフォーカスするよりも、

「やることはやったでしょ。結果は目標に達していないけど、これで、問題がわかったので、今からそれを解決することに集中しよう。この部分を徹底的にやれば、結果は出るから。」

これで、部下は前向きな気持ちで仕事を進められます。


部下の仕事ぶりへのメッセージはもっと大きな影響があります。褒めることはしっかりと褒めますが、できていないことを本人に認識させるフィードバックは絶対に必要です。このフィードバックをどう前向きな気持ちで終わらせることができるのか。ここが上司として全力をつぎ込んで考えないといけないことです。

よっぽど人間ができていて、自分を前向きにとらえることを訓練してきた部下でなければ、できていないことを指摘されるのはがっかりしますし、心が沈むものです。


起こりがちなのは、部下をいやな気持ちにさせないために、フィードバックしないで終わらせたり、あいまいにメッセージを送って済ましてしまったりすることです。これは部下のためになりません。よくない点はよくないと認識させ、そして、「これから前向きにやっていこう」と前向きな気持ちになるような働きかけをする。それが頑張らないといけないところです。

「コミュニケーションがだめだよね。ちゃんとやろうね」よりも、

「コミュニケーションのスキルをもっと磨けば、他の部署の人に動いてもらえるようになるから、その力をつけるように、頑張っていこうよ。アドバイスをするから。」

「書類だめだよね。もう私がやるよ」よりも、「難しいけど、この書類を説得力を持って書けるようになれば、1レベルアップ、という感じになるから、力をつけるように繰り返し、やっていこう。私が例を見せて、解説するから」。


いろいろな部下、場面がありますから、ある特定のフレーズを憶えればいつでもできるようになるとは限りません。実際は簡単ではありませんが、常に「部下を前向きな気持ちにしなければ」と意識をして、「どういう言い方をすれば前向きになってくれるかな」と毎回考えることです。続けていけば、うまくいく場面は必ず増えていきます。

前向きになったのか？

- ポイントは前向きなことを自分が言ったかではなく、部下が前向きな気持ちになったかどうか。
- 「頑張ろう」「やっていこう」と思えているか？
- 悪くとらえるばかりではなく、過去のいい点を認識し、明るい未来が見える、希望を感じる、ことが鍵。

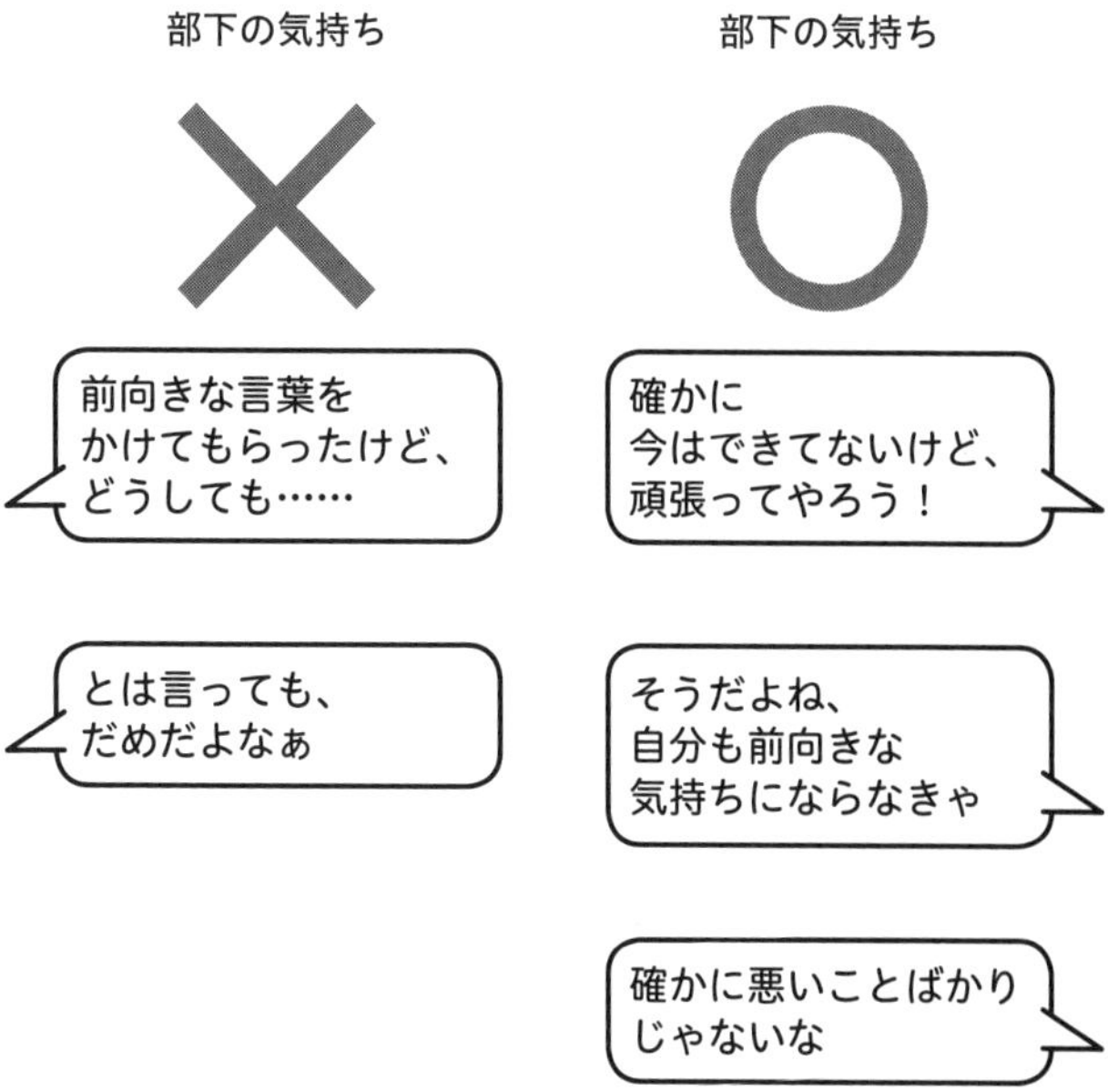
部下の気持ち
前向きな言葉をかけてもらったけど、どうしても……
とは言っても、だめだよなぁ
部下の気持ち
確かに今はできてないけど、頑張ってやろう！
そうだよね、自分も前向きな気持ちにならなきゃ
確かに悪いことばかりじゃないな

部下の叫び

こんなことを言ったら反対されると思いますから……

上司の鈴木さんからまたフィードバックをもらいました。

「小林さん、もうそろそろわかってきたんだから、『もっとここをこうしたらいいんじゃないですか』みたいな話をどんどん出して、進めてよ。」

「はい。頑張ります。」

「リーダーシップをとってね。イニシアティブね。」


確かにやり方を変えたほうがいいかもしれないと思うことはあります。調査会社さんに渡す企画書のフォーマットがちょっとわかりにくいといつも思っています。

ただ、変えるとなると私だけが変えればいいのではありません。おおごとになります。私より前からこのフォーマットを使っている他のグループの皆さんに賛同してもらわないといけないのですが、私の提案を皆さんがいいと言ってくれるのかわかりません。いや、きっと皆さんはいろいろと考えてこのフォーマットなんでしょう。まだ新しい私が、これを変えましょうと言ったら、なんで変えなきゃいけないの、と言われそうです。

それと、私のやっているプロジェクトですが、この10か月最初の計画通り進めてきていますが、ちょっと状況が変わってきている気がしていて心配です。その後、新しい商品が競合他社からいくつも出てきているので、戦う相手も増えていて、今までやってきた通りの前提で進めていっても、お客様に選ばれる商品ができるかわかりません。わが社はまだやったことがないのですが、味に特徴とストーリーをつけることを考えないとだめなんではないかと思っています。ただ、部長のＯＫまでもらって進めてきた、成功の型に沿ったやり方でやってますから、味にストーリーが要るなんていっても、鈴木さんと課長が何言ってるの、と言う気がします。

と、もやもや感はあるのですが、今日もやっておかなければいけない昨日の続きの仕事が山積みになっていますので、そこをまずはちゃんと片づけて、仕事を進めないといけません。頑張ります。

上司のアクション その29

「快適ゾーンにいたい」という心理的なバリアがあることを教える。

「イニシアティブをとる」「リーダーシップをとる」、これができればとてもいいことだし周りから褒められる、ということは、子供のころから親や先生に言われてきていますし、何らかのことで自分も体験してきていると思います。

しかしながら、「イニシアティブをとる」「リーダーシップをとる」ということは簡単なことではありません。たとえ、これはもっとこうしたほうがいいということに思いついていたとしても、それを行動に移すということは簡単なことではありません。まさに「言うは易し行うは難し」です。なぜなのでしょうか?

これは、「快適ゾーン（comfort zone）」という心理学の概念で説明ができるそうです。

心理学によると、私たちは誰でも自分が快適と感じるゾーンを持っていて、誰でも「その快適なゾーンの中にいて、できるだけ快適にいたい」という心理が働いているというのです。リスクのある所には踏み出したくない、という自分を守る心理です。

仕事で「快適ゾーン」とは具体的に何かと言えば、「いつもやっていること」「今までやってきたこと」「やったことのあること」「うまくいくのがわかっていること」「人から反対されないこと」です。

「イニシアティブをとる」「リーダーシップをとる」ということは、新しいことを生み出す活動ですから、これとは全く逆で、「今までやってきたこととは違うこと」「今までやったことのないこと」であるし、それは「うまくいかないかもしれない」「反対する人が出てくるかもしれない」ことです。これらは「快適ゾーン」の外にあることですから、その行動をとることには心理的なバリアが必ず存在するということです。

Alasdair White氏は『From Comfort Zone to Performance Management』で、快適ゾーンを踏み出し、適切なレベルのストレスのかかるゾーン（Optimal Performance Zone）で仕事をすることが、本人の生み出す成果にも、本人の成長にもつながることを論じています。

部下に教えてあげるべきなのは「あなたも私も、誰でも、『快適ゾーン』にいたいという心理があること」、そして、重要なのは「そこにどっぷりつからないで、自分にストレスをかけて踏み出すという勇気を持つこと」ということです。

「快適ゾーンにいたいと思ってしまう」というのは無意識の心理ですから、この心理を持たないようにすることは無理で、「快適ゾーンにはまってしまう自分が必ずいる」という認識を常に持ち、自分をチェックする習慣をつけさせることが必要です。チェックして、まずいと気づいたところで「踏み出さねば」と自分自身で決意してやっていく、このサイクルを身に着けると、「イニシアティブをとる」「リーダーシップをとる」ということが、より高いレベルでできるようになります。

「イニシアティブをとる」「リーダーシップをとる」がいいことだというのは誰もが知っていますが、どうしてこれだけそれが難しいかというと、「快適ゾーン」が理由なのです。

「快適ゾーン」にどっぷりつかっていませんか？　繰り返しますが、つかってしまうのが自然な心理です。今、ここ最近の自分を振り返り、「いかん」と気づくことができれば大丈夫です。部下にも自分自身のその瞬間を是非気づかせてあげてください。

快適ゾーンから踏み出す

- 誰でも「快適でいたい」という心理が働く。
- 自分を守る心理。
- 成果を上げるためには、「快適ゾーン」から踏み出す必要がある。
- 「快適ゾーン」にはまっていないかを自分でチェックする。

＊ 初めてやること
＊ 苦手なこと
＊ 失敗するかもしれないこと
＊ 誰かが反対するかもしれないこと

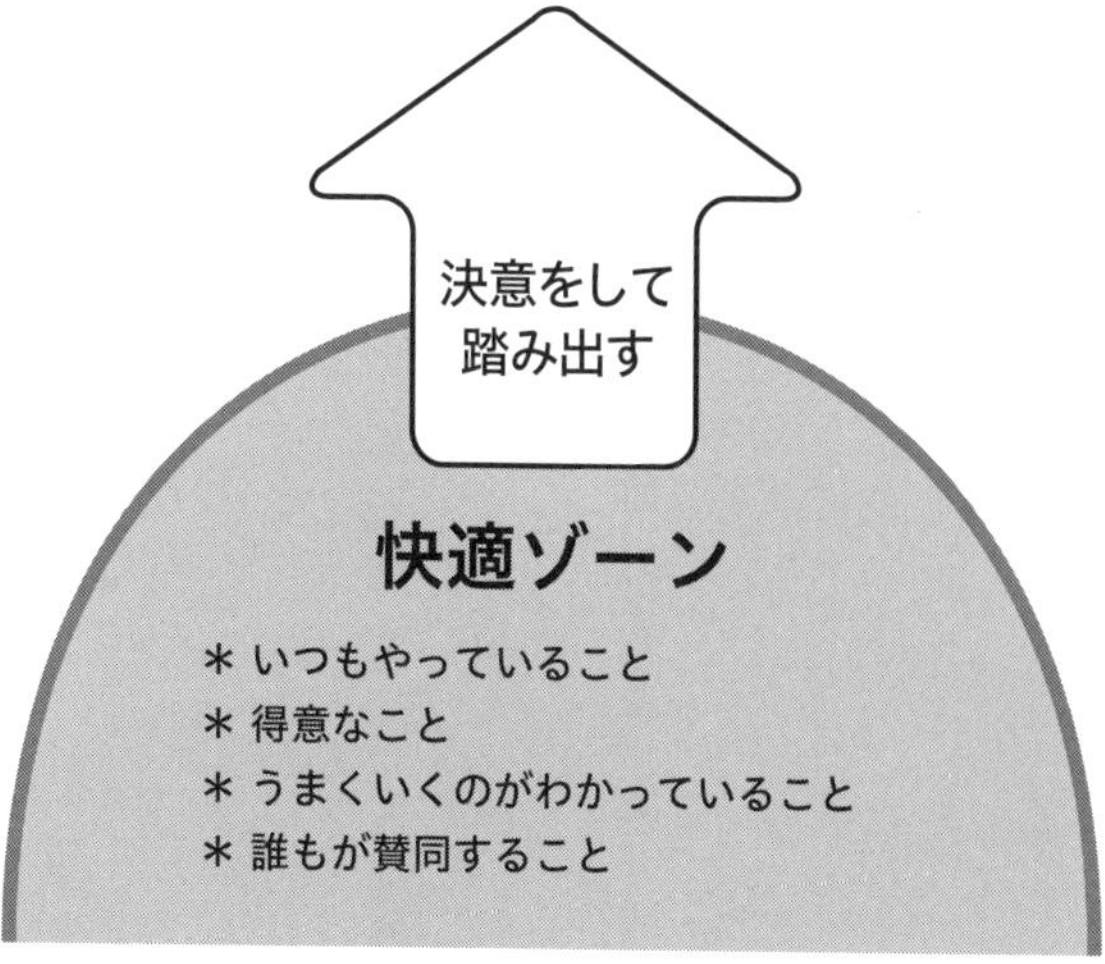
決意をして
踏み出す
快適ゾーン
＊ いつもやっていること
＊ 得意なこと
＊ うまくいくのがわかっていること
＊ 誰もが賛同すること

部下の叫び

どうしても上司がいないとゆるんじゃいます。

うちの会社では、週に一回はテレワークで仕事をすることになりました。週に一度は通勤時間のない日を作って、その時間を有効に使ってワーク・ライフ・バランスを、というのが意図だということです。

私も毎日1時間かけて通ってますから、私がテレワークをする金曜日は行きと帰りの分で2時間、自由な時間ができます。助かります。

もう、始まって4週目になりました。通勤の大変さがなくて助かるのですが、ただ、かなり心配になってきています。

家に一人でいると、どうしてもやる気が出ないので、一日グダグダしてしまうのです。

朝もなかなか始められないですし、ちょっとメールを読んでもすぐにショッピングのサイトが気になってしまって、そっちを見ているともうお昼。お昼休みもなかなか終わらなくて、2時ごろに始めようと思っても、また、ＰＣでどんな音楽を聴きながらやろうかと、ストリーミングサイトを見てしまいます。

実際、先週と今週は、テレワークではなく有給休暇に近い感じになってきてしまっています。上司がいませんし、同僚の目もないので、どうしても「やらねば」という気持ちになりません。誰からも怒られないですからね。

今日は、優先順位のあるＴｏ-Ｄｏリストを朝の15分をかけて書いたのですが、書いただけで結局一日、仕事らしい仕事をした感じがしません。

みんな、ちゃんと仕事を家でやってるんでしょうか？　いや、きっとみんな私と同じですよね。上司がいないところではゆるみますよね。

でも、月曜日に上司の鈴木さんから「金曜日何をやってたの」と聞かれたら一体どう答えたらいいでしょうか。「いろいろと情報を集めてました」と言えばいいでしょうか。「どんな情報？」って聞かれたらどうしましょう。

上司のアクション その30

自分の「セルフコントロールの方法」を決めさせる。

新型コロナウイルスの問題でテレワークが一気に働き方として広がりました。

会社に行かずに自宅で仕事をするということは、言うまでもありませんが、自分を見張る上司や同僚がいない状態、誰からも管理されていない状態で仕事をするということです。誰からも「何やってるんだ」と怒られることはないですから、全くの自分次第です。

自分がやる気になれれば仕事は進められますし、やる気にならないと進められないというシンプルな話ですから、ポイントはどうやって自分をコントロールするかということになります。

テレワークになってからとても強調されている問題ですが、これはもちろんテレワークに限ったことではありません。上司が出張でいないときも自分次第の状況になりますし、上司が横にいても一日に何をやるかは実際のところ自分次第です。

ただ、「セルフコントロールをしなければいけないんだよ」と言ったところで、「はい、わかりました」で終わってしまうのはいつもの通りです。そこで、育成のアクションとしてやらねばならないのは部下に「セルフコントロールをどうやるか」「自分のやる気を出すにはどうするのか」という自分の方法を見つけさせ、決めさせることです。

結局は自分の意志の問題でもありますが、手法を持っていることが大きな助けになります。

ポイントは自分で自分の方法を見つけることです。他人から言われた方法を押し付けられても機能しません。自分のことですから、自分はどんなときにどんな問題があるのか、そこで自分の気持ちを切り替えてやる気を出すにはどうするのか、自分が一番わかるはずです。

私自身は、根っからのものぐさ、面倒くさがりですから、やらなければいけない仕事になかなか手が付けられません。私はその解決方法として、特にやる気が出そうもないときは、「予定より1時間早く自分の仕事場の椅子に座る」ということをやることにしています。こうすればさすがに必要な時間が来る前には「やろう」「やらねば」という気持ちになることができます。

私の友人は、野球のチームがベンチから出ていくときの掛け声を一人で出します。「さあ、行くぞ」と。別の人は、とにかく緻密に時間の使い方を書き出すと、やらねばという気持ちになるそうです。終わった後に友達とお出かけができることを楽しみに思い浮かべることでやる気を出すという人もいます。方法は本当に人それぞれです。

私たちは子供のころから「自分でやりなさい」と言われ、学生時代は受験勉強・テスト勉強も自分で自分のやる気をコントロールしてやってきたはずですから、誰でもそれなりに自分が自分をコントロールすることの大切さはわかっているはずですし、自分の方法を持っているでしょう。それをしっかりと「これでやるぞ」というレベルに持っていこうということです。

自分の仕事にやりがいを感じてやる気を持っていても、結局は「今日この瞬間」自分がやる気を持ってその仕事に取り組めるか、そこで大きな違いが生まれ、その瞬間が繰り返されることで、1年たてば大きな成果の差が出る、これがこの話のポイントです。

セルフコントロールができる人材になること、つまりセルフコントロールの方法を持つこと。それが優れた人材になるための鍵。テレワークがハイライトしてくれたことです。

セルフコントロール

- 自分の問題を明確にさせて、解決する方法を自分で見つけさせる。
- 書き出させる。
- 方法を自分の方法として実行させる。

私のセルフコントロール

私の問題	セルフコントロールの方法
集中が続かない	常に 90 分単位と時間を決めて仕事をする
メールに時間をかけてしまう	メールは 10 時、13 時、17 時以外には開かない
難しい仕事を自分の PC で始めるときにやる気が出ない	1 時間前から席について、ウォームアップをする

上司だって叫びたい／上司 心の叫び

どうしてその気にならないのか私にはわかりません！

部下の小林さん、どうなんでしょう。

これだけいろいろなことを教えているんですけど、なんか物足りません。やる気はあると思うのですが、できることをやっていて、なんかもう満足している感じです。もっとガツガツやってくれればこちらも育成のしがいがあるのですが。

この前、話をしてみたら、「私は、人の役に立つ人になるのが目標です」と言っていました。それは、もちろんいいのですけど、力をつけよう、もっと貢献しよう、バリバリやっていかなくちゃ、という気は本当にないのかと思います。

石川課長にこの話をしたら、活躍する人になりたい、という気持ちにさせるのもあなたの育成力だよ、と言われました。

これだけ期待されて、いい環境で、私も上司として頑張っているつもりなんですけど、どうしたらその気になってくれるんでしょうか！　私には考えられません。

上司のアクション その31

「決めるのは自分」と認識させる。

育成は本当に難しいと私は心の底から思います。なぜなら、育成をする側として手を替え、品を替え、いろいろなアプローチで働きかけても、根っこのところで本人が本当にどれだけやろうと思えるかで結果が決まっていくからです。

最低ラインとしては、やるべきことをやっていれば何とかなることが多いのですが、高いところを目指す人材になってほしいと思うのになかなか反応してくれないというときは本当に難しいとつくづく思います。

上司としてはそれでもいろいろな働きかけを続けなければいけないのですが、最終的には、どれだけ力をつけてどれだけ活躍したいと思うかは本人しか決められないことです。

その意味で、育成のために一番大事な働きかけは「自分がどこまで活躍したいかを決めるのは自分だ」ということを認識させることなのでしょう。

簡単に言えば「全ては自分次第」ということです。

Level. 4

Supporter Stage

サポーター・ステージ

効果的に助けて、
部下を成功させる

効果的に助けて、部下を成功させる

今まで最高の上司はどんな方でしたか？　そう聞くと多くの人がこう言います。

「任せてくれた上司です。大変でしたが、力をつけることができました。」

一方、今まで最悪だった上司はどんな上司でしたか？　多くの人がこう言います。

「丸投げだった上司です。本当に困りました。」

どちらも上司が少し離れたところにいる状態がイメージできます。しかし「任せる」はとってもポジティブで「丸投げ」はとってもネガティブです。これだけ部下のとらえ方が違うのはなぜなのでしょうか？　理由を聞いてみるとキーポイントがわかります。

「大きな仕事を任せてくれました。たまに、失敗しかけても軌道修正もしてくれましたから。結果、うまく進められて力がつきました。」

そして、その逆のケースは、

「難しい仕事を本当に丸投げでした。上司は何もしてくれませんでした。ほっとかれました。周りを混乱させてしまったので、皆さんにも申し訳なく思っています。」

そうです。「必要なときに助けるのか」それとも「放置するのか」、その違いです。

部下には重要な役割、そして今持っている力よりも少し高いレベルの仕事をやらせるのですから、部下には必ずサポートが必要です。サポート、つまり「助けること」をしなければ、部下は困り、仕事は進まず、貢献もできず、部下には何もいいことが残りません。

一点強調しておきたいのは、「助ける」ことが部下にとって、その場を助けてもらうことだけに終わってはいけないということです。大切なのは「こういうときにはこうするんだ」という学びを、助けられたときに得ること、これをやることで力をつけていくことができるということです。

いろいろな部下がいて、いろいろな場面があり、いろいろな助け方がありますから、助け方は個別の話になりますが、いくつかのことは上司として必ずやらなければいけないことです。

育成者としてやるべきことは何なのか、二人の様子から考えていきましょう。

部下の叫び

私の上司は何でも相談できるタイプではありません。

最近困っていることがあります。というのは、自分の大事な仕事を進めることに集中できず、時間がとられてしまっているのです。

最近、別の部署から異動してきた中川さんです。2年先輩だからだと思いますが、中川さんにいろいろと手伝いを頼まれてしまいます。

「小林さん、私はミーティングに行かなきゃいけないんだけどこのコピーがどうしてもすぐに必要なので、ごめん、悪いけど、この書類コピー20部してできたらミーティングルームに持ってきてくれる?」

急いでいるので、頼まれたら、いやですとはさすがに言えません。

ミーティング中に電話もありました。

「競合の5年間のシェアのデータ、ファイルのどこかにあったと思うんだけど、探して持ってきてくれる。助かるよ。」

データの集計をしていたときも、どうしても今日中にやらないといけないということで、手伝ってと言われて、半日手伝いました。

中川さんに頼まれることは簡単なことなのでやってしまえばいいんですが、毎日何回かありますから、どうしても時間がとられてしまうので、自分の仕事が予定通りに進みません。先輩ですし、困っている人は助けなきゃいけないと思うので、どうしたらいいのか困っています。

上司の鈴木さんに相談すればいいのでしょうが、鈴木さんはこんなことを相談できるタイプではありません。鈴木さんは本当にとてもいい人なのですが、バリバリ自分でやってしまうタイプなので、きっと自分で何とかしろという話になってしまう気がします。

自分の上司には何でも相談できると言っていた友達がうらやましいです。

上司のアクション その32

部屋に入って話を聴く。

「育成をするために一番大事だと思うことは何ですか？」

人材育成をした経験のある人に、こう質問をすると高い確率で同じ答えが返ってきます。

「何でも話してもらえる人間関係を作ることです。」

その通りだと思います。では、どうしたらそんな関係を作れるのでしょうか？

上司として努力すべきことは、「この上司は話を聴いてくれる」と部下に認識してもらうことです。ではさらに、どうしたらそう認識してもらえるのかといえば、話をしっかりと聴く、という実績を作り、その実績を積み上げるということしかありません。

聴き方として私が重要だと思うのは、「部屋に入って話を聴く」ということです。なぜなら、

「部屋に入る」のは、その話に集中するということを意味するからです。ちゃんと聴くには集中する必要がありますから部屋に入らなければいけないだろう、ということです。これを部下の側から見れば、上司がちゃんと時間をとって、他を遮断して私の話をじっくり聴いてくれた、という体験になります。話は聴いてくれるけど立ち話の上司と部屋に入って話を聴いてくれる上司、どっちが話を聴いてくれる上司かは明確です。

上司と部下の関係になったその日から、是非、1対1で部屋に入って話をする習慣をつけることをお勧めします。1対1で向き合うことが当たり前になることが大事です。そして、これが一度定着してしまえば、「お昼を食べながら話を聴こう」「ちょっとそこのカフェで話をしようか」という、もう少しカジュアルな方法が、いい効果を生む方法として活かせるようにもなります。

「聴く」ということは本当に重要です。部下を動機付けして、前向きな気持ちで目標達成のために頑張れるようにする、それが上司の役割ですから、そんな状態になるよう部下を助けるには、まずは、部下を理解することしかありません。

「そうではない」「そんなことはない」という発想を一切持たないことです。これがよく言われる「相手を否定しない」とか「相手の立場で聴く」ということです。自分の判断が入った時点で「聴いて」いません。

「聴く」という作業は、「この人は何を考えているのか、一体どんな情報をもとにどんな理屈で、どう判断しているのか」、部下の一連の思考のメカニズムを理解するという作業です。これが理解できてこそ、一緒に考えられますし、的確なアドバイスもできる、つまり部下を効果的に助けられるということになります。思考のパターンは自分の思いもしないようなものであることが多いので、聴くという作業は簡単ではなく、必死にやらなければできません。

1対1の会話として大切なのは、必ず「ではこれからどうするか」、つまり「ネクストステップ」を明確にすることで、特に、上司としての、ネクストステップを明確にすることです。そして、会話の後にはそのネクストステップを責任を持って実行することです。

「へーなるほど」と聴いてくれる上司も、聴いてくれない上司よりはいいかもしれませんが、ちゃんと「聴いてもらった」ことから次のアクションが生まれ、問題が解決に向けて進んでいく。そうすることで信頼が築かれ、そんな信頼を獲得していれば、部下は積極的に困ったことを話してくれるように、しかも本当に困ったときに何でも話してくれるようになります。

「何でも言ってもらえる」上司への道

- 「何でも言って」だけでは何でも言ってもらえる信頼関係はできない。
- 「聴いてもらえる」「一緒に考えてもらえる」「解決してもらえる」を繰り返す。

部屋に入って話を聴く＝理解する

↓

一緒に考える＝部下の立場に立って助ける

↓

ネクストステップを決めて、必ず動く＝実際に解決する

↓ 繰り返す

相談できる上司としての信頼

部下の叫び

会社の方針？　どう考えたらよかったのでしょうか？

この一か月、今日の担当役員さんへの来期の計画承認の会議の準備で本当に大変でした。私としては今まで学んできたことを全て取り入れて、今までの成功パターンを確実に取り入れました。技術力を活かして、効率と利益率が大切ということで、このあたりもかなり重視して企画をしていました。やり切った感で会議に臨みましたが、石田役員の反応は衝撃的でした。

「これじゃあ、小林さん、今までと同じじゃない。『食のイノベーション』の方針はどう反映しているの？『顧客主義への回帰』で小林さんはどう仕事の仕方を変えてきたの？　何も変わってないんじゃない？　方針の話を聴いてたのかな？　上司と相談しているのかな？」

一か月かけて準備をして、来期の計画を立てましたが、全部やり直しです。会社の方針？　そういえば、創立20年ということで、先月、社長の方針発表会がありました。社内報にも出ています。これのことですね。具体的にはどうしたらいいのかわからないのですが、考え直します。

「わが社は、創業以来20年、生活を豊かにする食べる喜びを感じる商品でお客様の支持を受けてきました。また、業界をリードする技術で品質の高い商品を効率的に生産できたからこそ、今のわが社があります。これはわが社の創業の理念ですから、これからも大切にすることです。

しかしながら、時代は変化しています。生活が変わり、食とは何かが問い直されていると思います。お客様も変化していますから、我々がお客様を知っているつもりでも、我々の古い思い込みになりつつあります。また、生産効率や利益率を優先しすぎてお客様不在の議論で事業をやっている様子も見受けられます。そこでこれからの10年のために、わが社は2つのテーマを方針にしたいと思います。まずは、『食のイノベーション』、つまり我々は食として何を提供するべきなのかを考え直します。そして『顧客主義への回帰』。お客様の理解を改めて徹底していきます。

私たちはどうしても今までのやり方を続けていたくなってしまいます。是非、一人一人の社員の皆さんが全ての場面で、このテーマを反映させて、仕事の仕方を変えてください。これからも選ばれ続ける会社でいるためには、今、新しい発想でやり始めることが絶対に必要です。」

上司のアクション その33

会社とトップの考え方を解説して取り入れさせる。

部下が会社の方向性を理解できている状態にしてあげて、その方向性で動くことを助けることは、かなり力を入れてやらなくてはいけないことです。

優先順位の話や目標の話でも既に何度も触れましたが、仕事は組織の方向性でやらなくてはいけません。組織の方向性で貢献するからこそ、その組織で「力がある」「優秀である」と認められますし、重要な役割を任せられるようになるのです。言ってみればこんなことは本当に当たり前ですが、実はこの認識があまりない人たち（そしてそんな人の多い会社）が少なくないという現実もありますので、強調しておきたいと思います。

会社の経営理念や哲学は最も重要な土台です。経営理念や哲学が明確で重要ととらえている企業であれば、採用の時点で部下も理解を深め、入社を決めたのは共感しているからこそではと思います。上司の役割は、それを日々の仕事の中で、当てはめてあげることです。どの場面でどのような判断をして、どのような行動をするのがわが社の理念なのか。歴史のある企業はもちろん、最近は新しい企業も理念や哲学を大切にしますので、これは大変重要なことです。

戦略や方針、重要課題への取り組みは、トップからイベント的に発信されることが多いと思いますが、そこに込められた意図やメッセージを理解できるよう、詳しい説明をしてあげる必要があります。

例えば、一つの例として、「イノベーションを生み出す会社に変革」というテーマをトップが掲げたとすると、「イノベーションとは何のことを言っているのか」「今までの仕事の仕方のどの部分をどう変えるという話なのか」「私たちの仕事ではこういうことを期待されている」ということを解説してあげます。

「顧客主義に戻ろう」というトップのメッセージであれば、「どうして今これが重要なのか」「具体的にはどういうことなのか」部下の仕事につながるように解説をしてあげます。

部下に解説をしてあげることで、自分自身も理解を深めること、これから何をやるべきかを考えるようになりますので、自分自身の仕事力も高めることになります。

さらに、理解だけでは終わりません。

部下が自分の仕事を進めていく中で、経営が徹底したいことを反映した仕事の進め方にするよう部下を導いていくことをかなり意図的にやるのです。

提案を持ってきたら、「イノベーションの発想になっているのか」「イノベーションの発想で考え直すとどうなるのか」「顧客主義で考えているのか」「顧客主義で考えるとしたらどんなものになるべきなのか」、こういったことを上司としてフィードバックをしてあげます。

だいたいの場合、1回や2回の解説で部下がトップのメッセージを理解し実行できるようにはなりませんので、機会を見つけて何度も何度も解説をしてあげ、部下が考え方を理解し、行動に移せるようになるまで繰り返します。

繰り返しますが、トップは大事だと思うことを発信していますから、それを本当に理解して具体的に実行してくれる社員はそれがあなた自身であってもあなたの部下でも、組織にとっては間違いなく優れた社員と認められます。

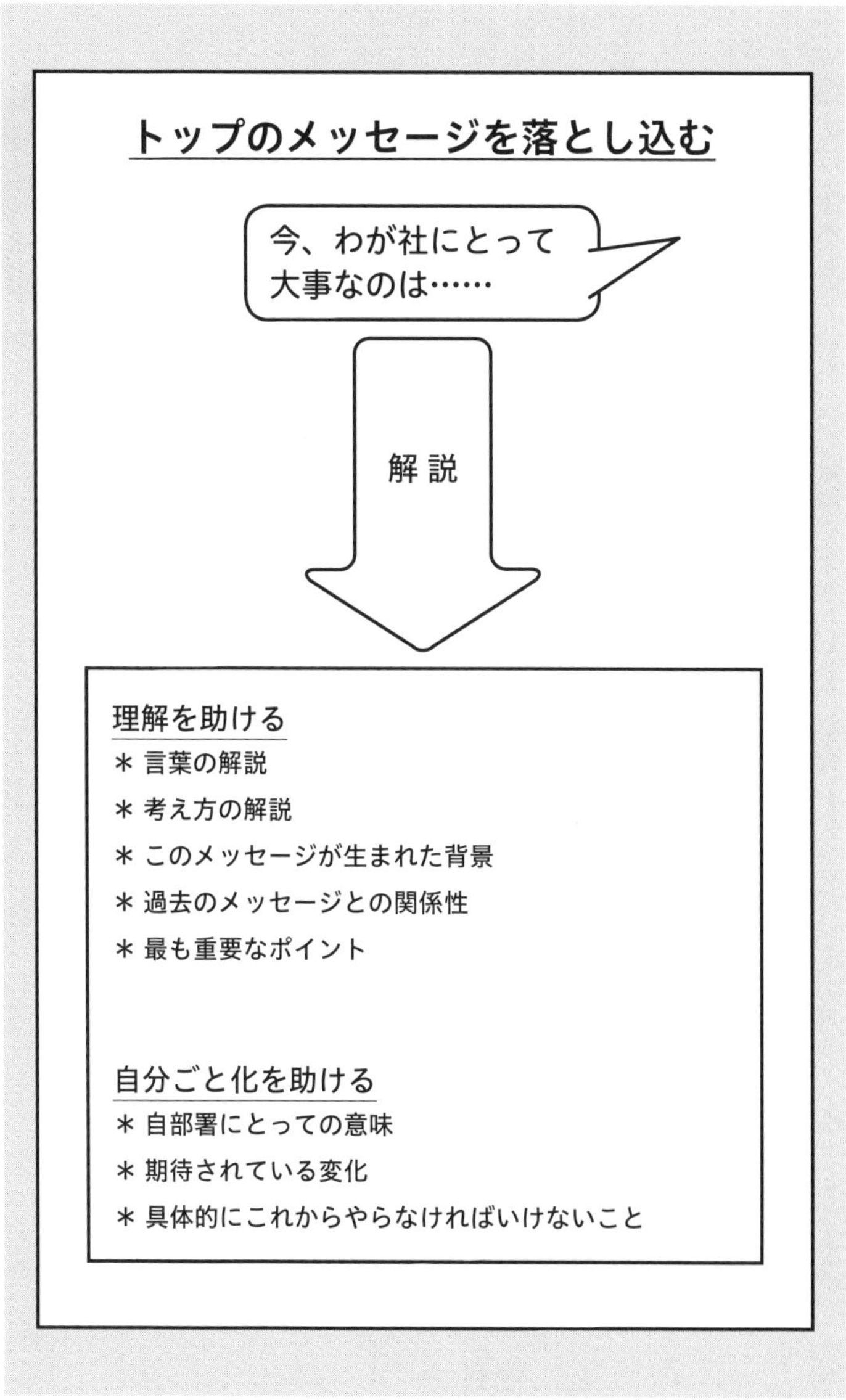
トップのメッセージを落とし込む
今、わが社にとって
大事なのは……
解 説
理解を助ける
＊ 言葉の解説
＊ 考え方の解説
＊ このメッセージが生まれた背景
＊ 過去のメッセージとの関係性
＊ 最も重要なポイント
自分ごと化を助ける
＊ 自部署にとっての意味
＊ 期待されている変化
＊ 具体的にこれからやらなければいけないこと

部下の叫び

本当に混乱しています。どうしたらいいでしょうか？

新しい商品の企画でインタビュー調査をしました。

健康になる商品のアイデアに対してはいろいろな方がいました。ある人は、野菜とか果物のイメージだと言ってましたし、ある人は健康と言えばカルシウムとヨーグルトと言っていましたので乳製品の方向もあります。大豆の健康イメージも強いようですので、基本的に大豆を原料としてもいいかもしれません。商品のアイデアはいろいろありそうでなかなか方向を決められません。次には量的調査をやるつもりでしたが、量的調査がいいのか、もう少し質的調査を繰り返したほうがいいのか、どちらがいいのかわかりません。

考えておかなければいけない商品のラインアップの数も悩んでいます。

製造部は会社全体の商品数が多く生産効率がよくないので、これからの新商品は全て、1商品を基本に立ち上げるべきだと言っています。確かに競合他社の中にはこの戦略で最初の商品を立ち上げ、後でラインアップを増やすというアプローチをとっているところもあります。営業部は、微妙です。逆にいつもうちは新商品のラインアップ数が少ないので存在感を出せないと言っています。

発売をいつにするかも混乱しています。

今朝部長から声をかけられたときは、「予定通りに商品を発売する前提で課長とは話しています」と言いましたが、製造部は絶対に無理だと言ってますし、営業部は遅れたら新商品発売の意味がないと言っています。私ももう少しパッケージを考えたいので遅らせたい気持ちもありますが、遅らせたからといっていいものができるかもわからないところがあります。どっちもありだと思うのですが。どうしたらいいのでしょうか。

いろいろなことがあって、正直、わけがわかりません。いろいろな人がいろいろ言うので何をどうしたらいいのでしょうか。

私にも考えがあるのですが、何が何だかよくわからない状態になってきています。本当に混乱しています。

鈴木さんに相談したいのですけど、何をどう相談したらいいかもよくわかりません。

上司のアクション その34

整理をしてあげる。

部下を助ける方法はいろいろとある中で一番重要だと言っていいのが「整理をしてあげる」という助け方です。仕事も進められますし、育成としても大きな意味を持ちます。

とにかく仕事は混乱します。いろいろな人がいろいろなことを言いますし、いろいろな側面からいろいろなことを考えないといけません。ちゃんとやろうと思えば思うほどいろいろなことが頭をよぎり頭の中は混乱してしまいます。混乱状態にあると何をやったらいいかがわからず、とてもストレスを感じる状態になります。

この混乱状態を抜け出させるには、話を聴いてあげて、話の内容を「整理をしてあげる」ことです。

一体今どうなっているのかわからない、ということであれば現状はどんな状態かを整理してあげます。いろいろな人がいろいろなことを言っているとは、具体的に誰が何を言っているのか、いろいろなこととは何があるのか、あること全て一つ一つを箇条書きに書き出してあげます。これも「あいまいでないこと」が鍵ですので、「こういうことだよね」と言い換えながら明確にしていきます。書き出されたもので似ているものはグループ化し、違うものを分け、箇条書きにまとめてあげます。

AとB、どっちがいいのかよくわからない、であれば、AとBを比較してそれぞれの全てのいい点、全ての悪い点がわかるように表に書いてあげます。違いがわかったら、何が判断の基準になるのかを考えさせます。

いろいろな問題があって、どの問題の解決に取り組めばいいのかわからない、といったような状態であれば、そのいろいろな問題全てがどのようにグループ化され、どの問題とどの問題に因果関係があるのかということがわかる図を書いてあげ、「こういうこと？」と見せてあげます。

自分の仕事は自分が当事者としていろいろなことが頭の中をかけめぐってしまい、なかなか自分で整理をするのが難しいのですが、外から冷静に見て、書き出して整理をすれば、ほとんどのことは思ったほど複雑な状況ではありません。

部下の考えていることを「整理をしてあげる」ということで、仕事は確実に進みますが、進めるだけではなく育成ですから、「整理をしてあげる」を部下と一緒に、部下の目の前でやります。「整理をする」というそのプロセスを見せることで、「こういうときにはこういう整理をすればいいんだ」ということが教えられます。

そしてその後、似た状態が出てきたときには、「あのときのように整理してみたら」というアドバイスをします。これで部下が動けるようになっていれば、育成は確実にうまくいっています。

ロジカルシンキングで「MECE（Mutually Exclusive, Collectively Exhaustive）」、「もれなく、ダブりなく」（直訳は「相互に重複なく、全体的に完全に」）という言葉があります。バーバラ・ミント氏が確立したというこの概念は、一見難しそうに見えますが、まさに文字通り、漏れなく全てのことを書き出し、ダブりなく情報を整理すれば次にやることを正しく判断できる、ということを言っています。

「整理をしてあげる」はパワフルです。「整理をしてあげて助け」、「整理をすることを教える」、これを繰り返せば「MECEで考える」大変優秀な人材が育ちます。

情報を整理をするプロセス

いろいろな情報が頭の中にあると「あいまい」で「ぐちゃっと」なってどうなっているのか、何を考えていいかわからない。

1．一つ一つを別々に・分けて書き出す

⇒ 一つ一つが見える

2．似たものを寄せて、違うものを分ける

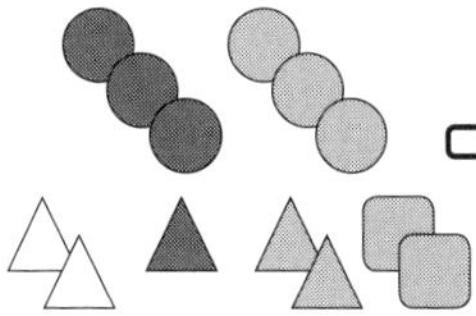

⇒ 全体がどうなっているのかがわかる

何がポイントなのかがわかる

3. 重要な部分を、「表」や「図」、「箇条書き」にまとめる

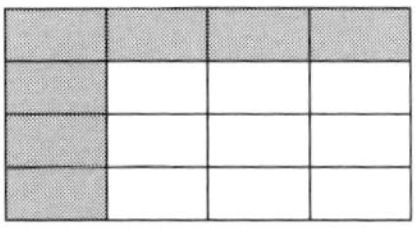

⇒ 論理的なアクションを決められる

部下の叫び

私の責任ですから全部ちゃんとやります！

鈴木さんが取り組むことを整理してくれたので本当に助かりました。これで、何をやらなければいけないかが明確になりました。そして1週間後、鈴木さんに聞かれました。


「次の調査の企画はできた？」

「いえ、今週やります。」

「あれ、なんで先週はやらなかったの？」

「来年新発売のラインアップ追加の商品のアイデアを考えていました。」

「いや、それ、後でいいんじゃない？『健康になる食品』の企画、力を入れないとね。」

「わかりました。」

「『健康になる食品』の企画だけでも、いろいろな要素の検討があるから、優先順位を決めてね。」

「わかりました。重要なことをはっきりさせてやっていきます。」

確かに、いろいろな仕事があって倒れそうです。

「健康になる食品」プロジェクトだけでなく、いくつかラインアップ追加の企画もあります。パッケージの細かいところを変えたいというプロジェクトもありますから、今、扱っているのは全部で6つの企画です。

「健康になる食品」が会社の戦略としては大事ですので、何とかこれは成功させなければいけないとは思っていますが、他の新商品の企画もやると決まっていますし、やる理由もあるわけですから適当に済ませるわけにはいきません。

「健康になる食品」も、本当にいろいろな要素をちゃんと検討してやりたいと思っています。特に重要なところには力を入れますが、話に出たことは全部やらないといけません。確かにどの話も気になることばかりですから。

本当にやらなければいけないことが山積みですが、私の責任ですから全部ちゃんとやります！

上司のアクション その35

重要なことを絞って、捨てることを決めてあげる。

最近ニュースがありました。ある大手の企業の業績が不振で株主総会で不満が爆発したそうですが、経営側のコメントは、

「これからもさらに選択と集中でやっていきます。」

選択と集中、よく聞く話です。一視聴者としては、それでいいのか、という気持ちにもなりましたが、真剣に考えるとこの話は的を射ている話です。うまくいっていないときに何とかするのは確かにこれしかありませんから（問題なのは具体性がないことでしょう）。

いろいろなことをやっていると、いろいろなことがうまくいかなくなります。そして重要なことまでもうまくいかなくなってしまうということが問題です。重要なことに集中してやっていれば重要なことをうまくいかせることができる可能性が高まる。選択と集中はそういう話です。

部下を助けなければいけないのは、まさにこれで、いろいろなことをやって重要なことがうまくできない、そんなことにならないようにすることです。

「とにかく、重要なのはこれとこれだよね。」

「これに集中してやっていこう。」

重要なことを認識させることです。よく言われる80・20の法則、つまり、重要な20%に取り組めば、80%の結果をカバーできる、だからとにかく重要な20%に集中しよう、こういう話です。

私は本当にどこに行っても繰り返し繰り返し言いますが、「重要なことを重要なこととして扱うこと」。これがどれだけ大事なことかを意識していない人がどれだけ多いか、これをやっていない人たちがどれだけ多いか、それが大きな問題です。「重要なことを重要なこととして扱う」とはどういうことかと言えば、重要なことに時間とエネルギーをつぎ込むということです。こうしなければ重要な成果は上がりません。

さらにさらに、重要なことを明らかにしても、それが機能しないのはなぜなのでしょうか？それは「結局、他も大事」になって、「全てが大事」にどうしても戻ってしまうからです。特に、まじめに一生懸命やろうという気持ちの高い我々の日本の文化では全て重要、で全てをやらなければという感覚から離れることが大変難しいのです（もっとやらねば、という高い基準を持つことはいいことなのですが、他をやるのは重要なことが片付いてからでいいのです）。

「他のことは何もしなくていいから、これだけ絶対に成功させよう。」

実は、このくらいのことを言ってあげないと、部下は本当に重要なことに集中しません。「これは捨ててもいいよ」と言ってあげることです。何かを捨てることを許可できるのは上司だけですからこのメッセージはとても効果的です。

写真家のソール・ライター氏は「人生で重要なのは何を捨てるかを決めることだ」と言いました。何を捨てるかを決めれば、重要なことが得られるというのがポイントです。哲学的ですが、まさにこれです。「捨てることを決める」、そして「集中すべき重要なことに集中する」、これが素晴らしい結果を生み出すのです。

重要なことに絞らせる

- 常に重要なことに焦点を当てさせる。
- 特に重要なことが順調に進まない様子が見えたら、他のことはおいておいて最も重要なことに取り組ませる。
- 「他のことは進めなくてもいい」と言ってあげる。（これが重要！）

今週の To － Do

優先順位	項　目	期間
A	•「健康になる食品」の開発	
	一 調査の企画	月曜
	一 原料の調査	水曜
	一 課長への報告準備	水曜
	•「ラインアップ追加」	
	一 アイデアだし	月曜
	一 工程表づくり	月曜
	一 他部署に概要説明	月曜
	•「パッケージ変更」	
	一 候補のリスト化	今週中
B	• 調査マニュアルの改訂	今週中
	• パッケージの品質チェック	
	• 資材の問題把握	月末
C	• 他社品評価のまとめ	来週以降

とにかく
今重要なのは
これ！
とにかくこれ！

こっちは今週は
止めてもいいよ

このへんはもちろん
重要なことが
終わってからで
いいから

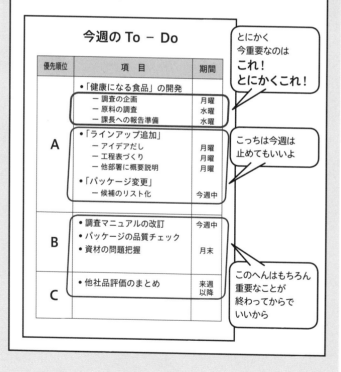

部下の叫び

本当に行き詰まっています。

本当に行き詰まっています。

「健康になれる食品」のアイデア、鈴木さんが相談に乗ってくれて、どのような方向性がありそうなのかは整理できたのですが、ここからどうしたらいいのでしょうか？

課長からは、
「どの方向なら特徴のある商品の企画になるか考えて、いけそうな方向性を2、3選ぼう」
と言われています。

わかりました、とは言ったのですが、特徴のある商品の企画になりそうな方向性、頑張って考えているのですが、見えてきません。

野菜の方向性、乳製品と乳酸菌の方向性、大豆の方向性、とあるのですが、どれを考えても、特徴を持たせるにはいいアイデアがありません。どの領域も、他の会社から何種類もの商品が既に出ています。私のアイデア力の限界なのでしょうか。

鈴木さんは応援してくれています。

「チャレンジだから、頑張って。」

頑張ってはいるのですけれども、アイデアが出なくて本当に行き詰まっています。アイデア力はどうしたらもっと磨けるのでしょうか。根本的なところをやらないといけないのかもしれません。新しい商品を企画するには才能がないとできないのかもしれません。今のところ私に才能があるとは思えません。

鈴木さんや課長ならこれをどう考えるのでしょうか。どうしたらいいですか、って聞きたいのですが、これは私の仕事ですから、私が考えないといけないのはわかっています。

上司のアクション その36

問題は解決してあげる。

部下には少し難しいチャレンジをしなければいけない仕事を与えますので、いつも思うように仕事を進められるわけではありません。仕事を進めていくうちに必ず問題に直面します。

ここでやってはいけないのは、育成の名のもと「頑張れ」と言って放置をすることです。

もちろん、基本のアプローチは「そこが難しいんだよ。頑張れ」と、あきらめずにチャレンジすることに背中を押すことです。しかしながら、部下がそれでも壁にぶつかりスタックしてしまったら、もう前に進めなくなっているわけですから話は別で、何らかの形でスタックした状態から抜け出す支援が必要だということです。

ここまでで触れた「整理をしてあげる」ことや、「絞ってあげる」こともスタック状態から抜け出すためのサポートになります。しかしながら、それでもスタックしてしまうという場合、それは、前に進むために必要なアイデアが浮かばない状態です。

ケースとしては二通りあります。一つは、今までにあるアプローチを当てはめて解決するケース。もう一つは新しいアイデアが必要なケースです。

今までにあるアプローチを当てはめればいいケースは、まさに、自分自身の経験がものを言います。

「こういうときにはこんなアプローチがいいんじゃない。」

「これなら、こうするといいんだよ。」

「こうなら、このアプローチだし、もしこうなら、こういうアプローチだよ。」

こんなアドバイスをしながら的確なアプローチを教えるというイメージのかかわり方です。

ここでも、やはり「なぜそうなのか」を説明することが育成のためには重要です。「なぜ」を説明することで、部下にとっては、その場を解決するだけではなく、その後の問題解決の「引き出し」になっていくからです。

二つ目のケースは今までにはない新しいアイデアを持ち込まないと解決しないことですが、この場合は、「新しいアイデアを一緒に考えてあげる」という作業をやります。「整理をしてあげる」と同じパターンですが、アイデアを出すことをサポートするのと併せて、「新しいアイデアを考える」ということはこうやってやる、ということを教えます。

新しいアイデアを持ち込むためのポイントとして教えたいのは、

- とにかく情報を集める。必ず、どこかの誰かが同じようなことをうまくやっていて、今の世の中調べようと思ったら調べられるので、参考になる情報を徹底的に集める。
- 「何でもあり」の感覚で何とかなりそうになるまで考える。

これを身に着けさせることができれば、常に問題解決して、物事を前に進めることができる人材になっていきます。

また忘れてはいけないのは、部下の問題は部下が解決できないこともあるということです。例えば、組織対組織の問題、他の部署にとって自分たちが重要と考えているプロジェクトの優先順位が違う、などということは、判断ができる上司と上司が議論して合意をしなければなりませんから、自分が（あるいは自分の上司が）出ていって解決する必要のある問題です。

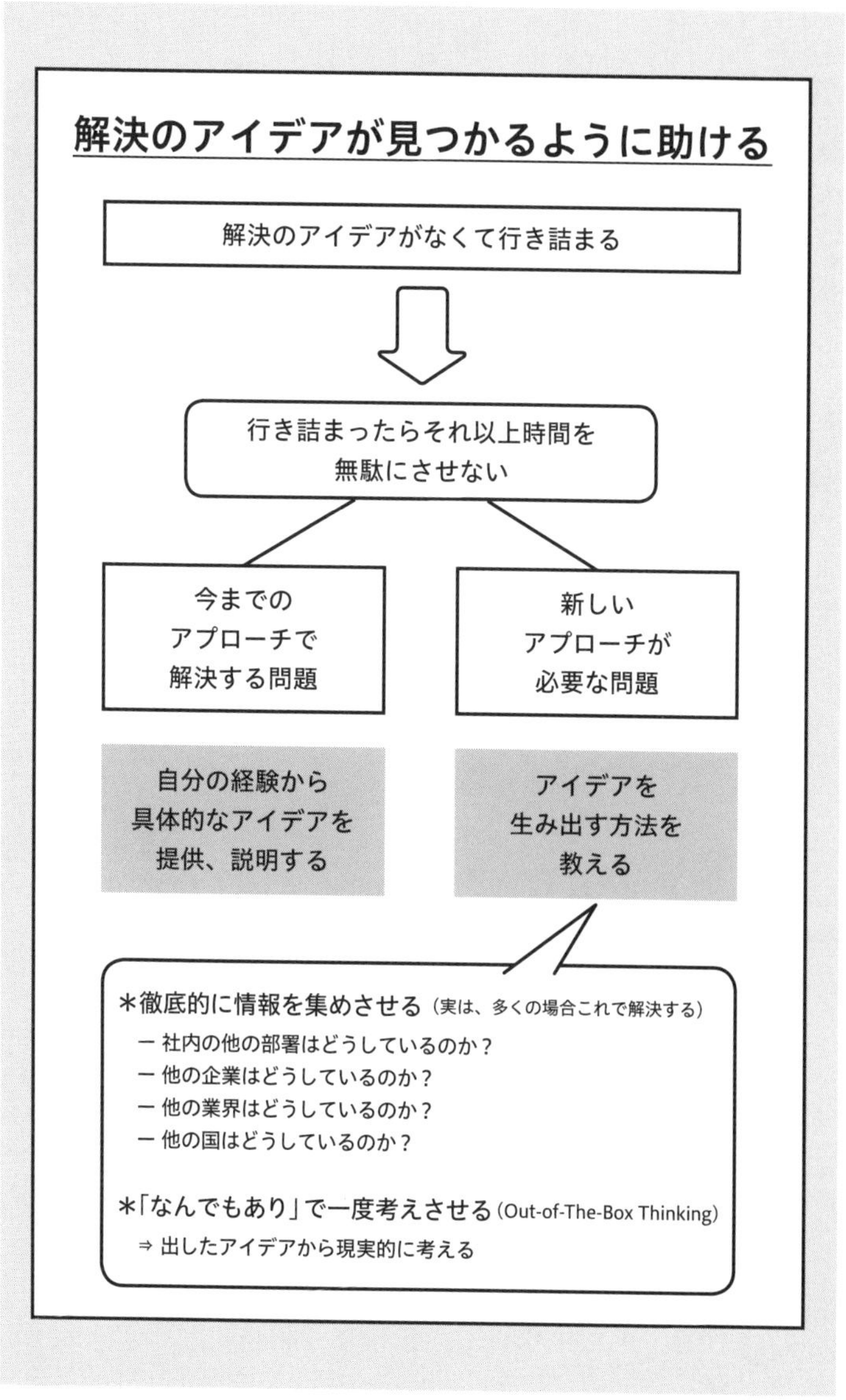
解決のアイデアが見つかるように助ける
解決のアイデアがなくて行き詰まる
行き詰まったらそれ以上時間を無駄にさせない
今までのアプローチで解決する問題
新しいアプローチが必要な問題
自分の経験から具体的なアイデアを提供、説明する
アイデアを生み出す方法を教える
＊徹底的に情報を集めさせる（実は、多くの場合これで解決する）
ー 社内の他の部署はどうしているのか？
ー 他の企業はどうしているのか？
ー 他の業界はどうしているのか？
ー 他の国はどうしているのか？
＊「なんでもあり」で一度考えさせる（Out-of-The-Box Thinking）
⇒ 出したアイデアから現実的に考える

部下の叫び

休むわけにはいかないので頑張ります。

仕事と育児の両立が大変だという話は前から聞いていました。

私はまだ結婚もしてませんし、子供もいませんから、育児との両立の大変さには実感はないんですが、家庭の事情で仕事が大変になるのは先週から実感しています。

母親が先週、転んで、大腿骨を骨折してしまいました。

実家で療養していますが、一人では何もできないので、毎晩、食事と身の回りの世話をしに行っています。車で1時間半の距離ですから、夕方6時に仕事が終わって出発、7時半ごろにつ いて、身の回りや着替えと食事を手伝って、なんやかんやで向こうを9時半に出て、家に帰るのは11時ごろ、そこから自分の食事です。12時には寝られますから睡眠時間は大丈夫なのですが、さすがに体力的にしんどいものがあります。

職場の皆さんには心配をかけるといけませんので、母親が骨折したことだけは言っていますが、毎晩通っていることは言っていません。

介護休業の制度は会社にあるのですが、皆さんに申し訳ないので使えません。皆さん忙しいですから、私が家の都合で休むというのは迷惑をかけてしまいます。

時間短縮で、毎日の仕事を早く切り上げられる制度もありますが、さすがに途中で帰るわけにもいきませんし。

仕事はやる気を出そうと思ってもなかなかいつもの通りには頑張れません。ただ、休むよりはいいかと思って頑張っています。

なんとか、数か月で、毎日行かなくてもいいようになるといいと思っています。

上司のアクション その37

「ライフ」の問題を理解して助ける。

「家庭の問題があると部下は力を発揮できないから、そんなときは助けてあげることが大事だよ。」

私がまだ20代のころ、あるアメリカ人の上司がそう教えてくれました。まだ、想像ができていないことではありましたが、とても印象に残ったアドバイスでした。数年後、自分の家庭を持ったことで、その意味はすぐに理解できました。

子供や家族の病気やケガ。子育てや介護。家庭と家族の様々な問題。

何もないときにはある自由度が制限されること、生活の中で特別にエネルギーをつぎ込まなければいけないことはライフステージとしてありますし、または突発的なこととして起こります。

最近は法律も整備され、ワーク・ライフ・バランスを成り立たせる仕組みが多くの企業で整っています。仕組みがあれば、もちろん仕組みは社員に知らされているはずなのですが、仕組みがあっても、うまく活用されるとは限りません。

「会社に迷惑をかけたくない。」「責任を果たせなくて申し訳ない。」「わがままを言うわけにはいかない。」

部下はそんな想いで問題を抱え込んでしまって、ちょっと引いている、逆に無理をする、ストレスを感じている。実は、こんな状態で、活躍が十分できなくなってしまうことがあるのです。「そんなことは心配しなくていいのに」ということなのですが、本人の立場ではそうはいきません。個人の利益の主張に遠慮がちな日本の文化ですから部下は自分の生活でのニーズを言い出せないのです。

ですから、上司の役割が重要です。上司としては、部下の家庭と生活の問題とニーズを積極的に聴き、さらに組織にある仕組みを積極的に活用することを勧める。当たり前ですが、忙しい業務に巻き込まれてしまっていると、そんな発想になりませんから、常に意識をしておくことが大切です。

また、制度を活用する本人が後ろめたい思いにならず、周りが受け入れる状態にしておくという普段からの取り組みが大きな違いを生み出します。グループとして、制度とその意図を理解する機会を作り、共通の考え方にしておくということです。人事から新しい制度が発表されれば、もちろんそれをよく説明して理解をしている状態にしなければいけませんし、既に存在する制度については、他のグループでの活用の様子の話をきっかけにしたり、普段の会話、1対1の面談など、あらゆる場面での機会を活かすことができます。

家庭と生活の問題の対処を助けてあげれば、そんな難しい期間であっても部下は組織に貢献し、力をつけていくことができます。そして、組織から家庭と生活の問題の対処を助けてもらった経験のある部下は、将来、部下に同じことができる素晴らしい上司になることでしょう。

ライフの問題をサポートする組織

- 仕組みがあっても部下は気が引けて活用できないことが多い。
- まずは、上司である自分自身が中期的な視点で部下をサポートする。
- 最重要なのは普段から組織の文化を作っておくこと。
- 部下には、自分ができる責任を果たして、サポートを得るようアドバイス。
- 他のメンバーへのサポートのお願いは部下だけにさせず、上司が組織からのお願いとしてやる。

上司の役割

1）部下へのサポート・アドバイス
2）他メンバーのサポートのお願いと感謝
3）組織文化づくり

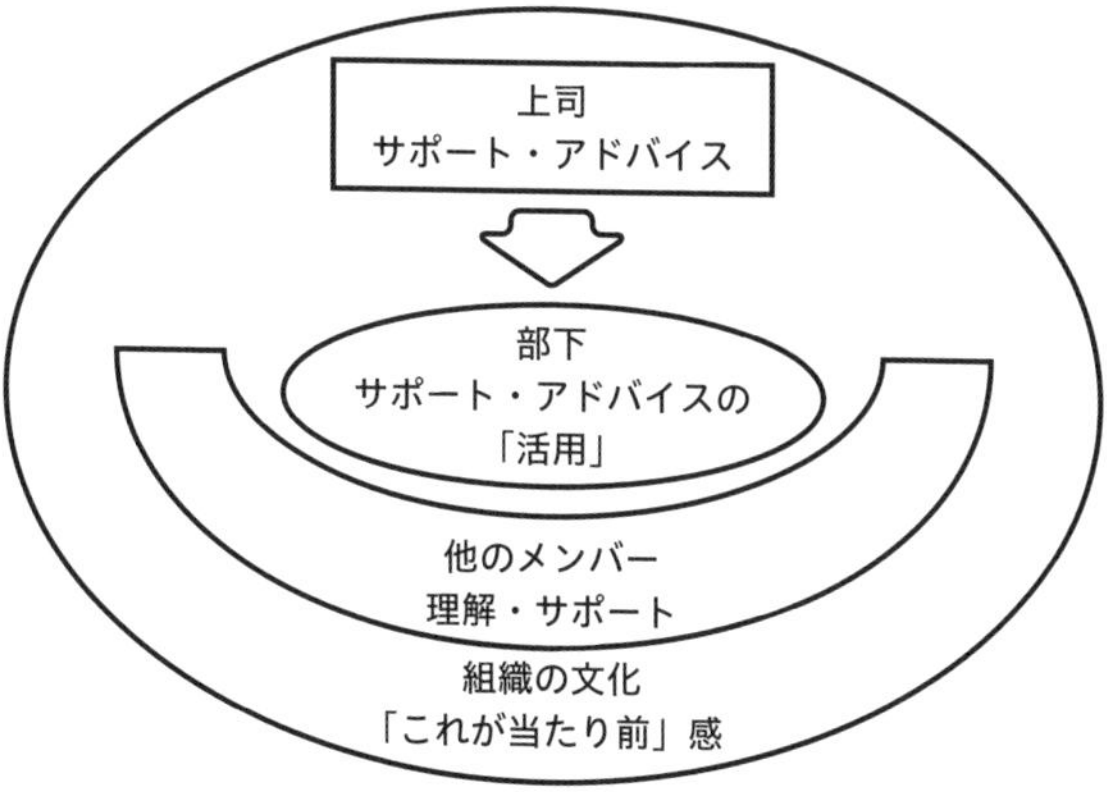

部下の叫び

みんなに同じ指示と説明です。

何か月か前に異動してきた中川さんに加えて、新しい人がグループに入ってきました。男性の大川さんです。新卒ではないそうで、私よりも年齢は1つか2つ上くらいでしょう。3人とも同じような世代ですので気が合いそうです。

上司の鈴木さんは部下を3人持つようになりましたから、たぶん、もうすぐ昇進です。なので、かなり、張り切っています。毎日、3人を集めて話があります。同じ方向になんとか持っていく努力をしているんだと思います。3人とも好きなことを言いますから大変です。

3人まとめて話をするようになったので、私自身は鈴木さんと二人でみっちり話ができなくなったのがとても残念です。

それと鈴木さんが、先輩の中川さん、私、新しい大川さん、3人に対して同じ指示と同じ説明で進めようとしていますので、ちょっとそれぞれから不満が出てきています。

先輩の中川さんは、

「新人じゃないんだから、そんなことわかってるのにね。」

と言って怒ってました。もう少し、任せてほしいということだそうです。確かに私も中川さんだったらそう思うかもしれません。

新人の大川さんは、

「もうちょっと具体的に教えてくれないと、困っちゃうんだよね。」

と言っていました。大川さんは慣れていないので、もう少し丁寧にサポートしてあげるのがいいと私も思います。

3人いつも一緒に話をしていて、真ん中の私にちょうどいい感じですから、こうなるのでしょう。ただ、私もばっちりではなく、もうちょっと相談ができるとうれしいというのはあります。

上司のアクション その38

全て「個別」に考える。

Ken Blanchard氏は『Leadership and The One Minute Manager』でSituational Leadershipというコンセプトを論じています。これもクラシックなコンセプトですが、ポイントは、部下へのかかわり方は部下の成熟度によって変えなければいけないという考え方です。部下の成熟度が低ければ「指示的」なかかわりが中心になり、成熟度が上がると「指示的」かかわりを減らしていく一方、「支援的」なかかわりを増やす。そして成熟度がさらに高まれば「支援的」なかかわりも減らして、全体のかかわりをあえて減らし本人に任せることで、最終的にはそのポジションで自立できる、という考え方です。

この通り、部下の成熟度によってかかわり方を変えるということは必要ですが、難しいのは、成熟度だけで変えればいいわけではなく、結局部下は一人一人個性が違うので、かかわり方を部下一人一人で変えなければならないということです。

ある部下にうまくいっていたものが他の部下ではうまくいかないことがよくあります。例えば、自由にやってほしいときには守ることを決めることが大切だという話はレベル3で触れましたが、どの程度の自由さと守ることの縛りが一番やりやすいかは、一人一人違います。同じことをしても、ある部下は「これは丸投げですか?」と言うでしょうし、ある部下は「もっと自由にやらせてほしいんですけど」と言うでしょう。「どう?」と声をかければ、「気にしてくれているんだ」と喜ぶ部下もいるでしょうし、「そんなに頻繁に聞かないでよ」と思う部下もいるでしょう。

解決方法は他には何もなく、本人を、一人一人を、理解することとです。そして、理解に基づいて、それぞれへの最適なかかわり方を決める。これを個別にやるしかありません。全て個別です。

本当に人はいろいろな意味で違うものです。男性が女性を部下に持った場合、女性が男性を部下に持った場合では、発想や理屈が違うかもしれません。年代も3年違えば違った時代を生きてきた新人類です。どんな学校に行って、どんなことを学んできたかも影響があるでしょう。他の国であればもちろん、国内であっても、どこに生まれてどう育ってきたかは一人一人違うわけです。これが、「多様性（ダイバーシティ）」というものです。

一人一人、人は違うので、その違い、多様性があることを理解し、受け入れて、違いをうまく扱うこと。これは実は、簡単なことではありません。なぜなら、違うということを私たちは「おかしい」「普通じゃない」などと、つい自分の軸で見てしまい、ネガティブな気持ちを持ってしまうからです。

そもそも部下は自分とは違いますし、部下も一人一人違うのです。自分の常識でうまくいくはずのことがうまくいかないことはよくありますし、今までの部下でうまくいっていたことがこの部下ではうまくいかない、ということはいくらでも起こります。

一人一人に対してかかわり方を変えると、危険なのはそれを悪くとる部下がいることです。ですので、部下たちには「一人一人やり方を変えているんだよ」と言っておくことが大切です。

特に厳しい感じでかかわる部下には「あなたにはチャレンジしてほしいからあえて厳しくしているからね」、こう言っておくことを忘れないようにしましょう。

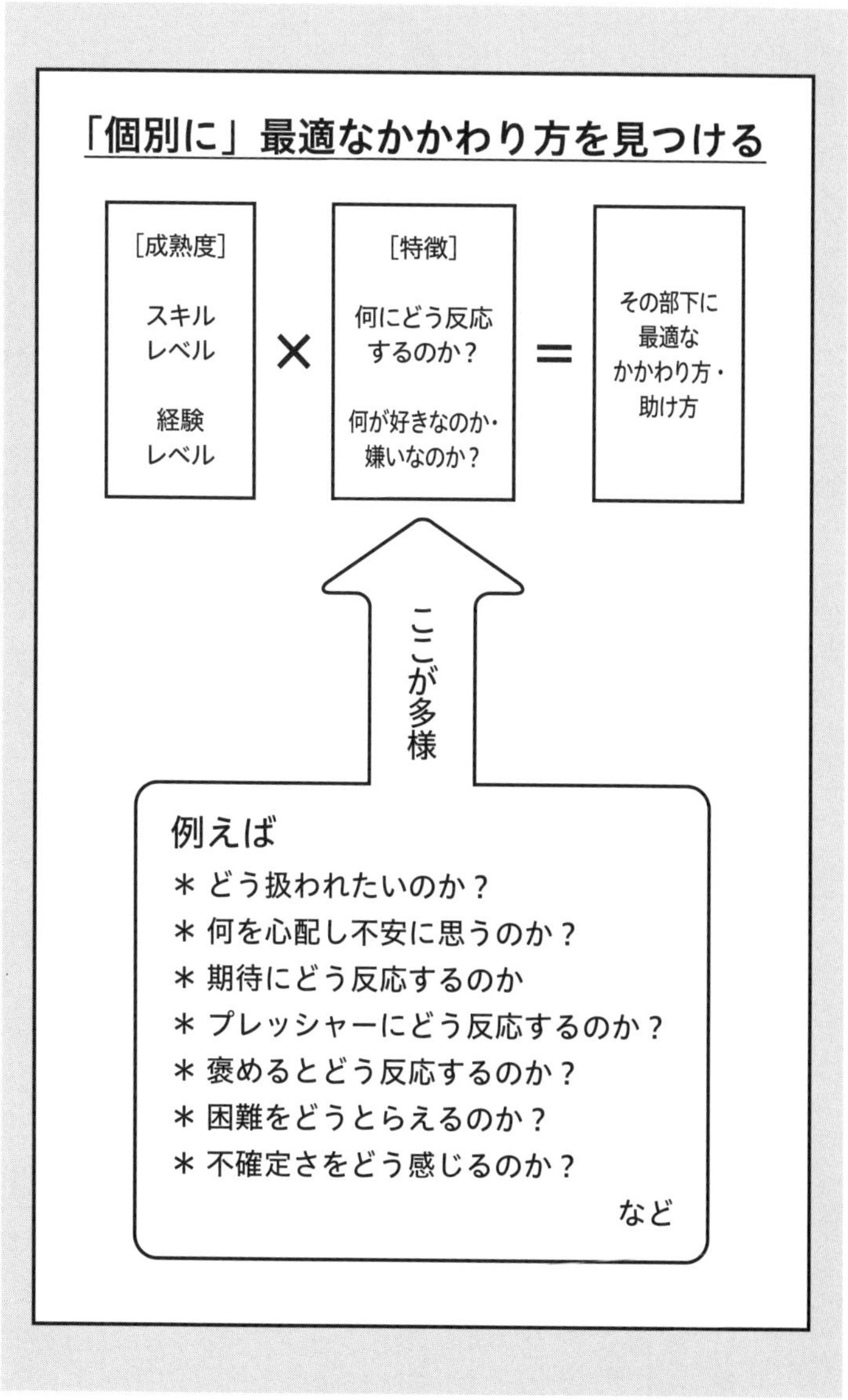
「個別に」最適なかかわり方を見つける
[成熟度]
スキルレベル
経験レベル
×
[特徴]
何にどう反応するのか？
何が好きなのか・嫌いなのか？
＝
その部下に最適なかかわり方・助け方
ここが多様
例えば
＊ どう扱われたいのか？
＊ 何を心配し不安に思うのか？
＊ 期待にどう反応するのか
＊ プレッシャーにどう反応するのか？
＊ 褒めるとどう反応するのか？
＊ 困難をどうとらえるのか？
＊ 不確定さをどう感じるのか？
など

上司だって叫びたい／上司 心の叫び

ワーク・ライフ・バランスもいいけど

小林さん、とてもよく頑張ってるんだけど、来週の部長へのプレゼン、大丈夫なのか本当に心配です。今日も、5時30分になったら、「お疲れ様〜」と言って帰っていきました。

「鈴木さんもワーク・ライフ・バランスとってくださいね。体に悪いですから。」

確かに、人事からは無駄な残業はゼロにしろ、と言われていますので、早く帰る必要もあるのですが、来週のプレゼンの準備はいつやるつもりなのでしょうか？

もうちょっと早く準備を始めればよかったのですが、今回はデータが出たのが昨日だったので、勝負はこの一週間です。できるところまでをやろうという感じなんじゃないでしょうか？

せっかく、部長へのプレゼンがあって、うまくいけばプロジェクトも進められますし、小林さんの評価にもつながるのですから、私はそれではだめだと思うんですけど。私ならもっと必死にやりますけど。

ワーク・ライフ・バランスいいんですけど。これは、今の時代、しょうがないのでしょうか？

上司のアクション その39

「勝負どころは勝負する」ことを教える。

ワーク・ライフ・バランスは、日本の社会では主に「働きすぎない」ことが大切だというコンセプトで語られています。確かに経営として従業員の健康を守ることは絶対に大切なことですが、「働かせてはいけない」という風潮になっていることは大変心配です。

どんな仕事でも、仕事には「勝負どころ」があります。それは毎月来る仕事かもしれないし、年に一回大きなことが来る仕事かもしれませんが、どの仕事にも必ずあります。

そんなときには、勝負をする人材でなければ活躍はできません。勝負のところは勝負、必死にやるべきときはやる。これを教えることです。もちろん、早くやり始めれば、時間はとれますから、「徹夜でやる人材」を作ろうという話ではありません。

単純な話ですが、今の時代、それを教えるのも上司の役割です。

Level. 5

Promoter Stage

プロモーター・ステージ

部下を組織に
認めさせる

部下を組織に認めさせる

部下が力を確実につけて、貢献のレベルが上がってきていれば、その様子を「組織の上層部に認めてもらい、本人の自信とやる気につなげていく」というサイクルに乗せることを考えます。


「私の部下、彼女は力はあるんですけど、上層部に受けがよくないんです。」

「いつも彼女が中心でやってくれているんですけど、上層部には印象がないみたいです。」


部下が本当に力をつけてきていて、活躍しているのに、それが組織の上層部から認められていないということであれば、それは大問題です。そして、問題の本質は、

「上層部が、もうちょっとわかってくれたらいいのに。」

と、わかってもらうことを前提にしてしまうことです。

我々はどういうわけか、「上のほうの偉い人たちは、組織をよく見ていて、本当に活躍している人、優れた貢献をしている人のことは知っているはずだ」という感覚、あるいは、「偉い人はそんなことができる優れた人であってほしい」という願望を持っています。

確かに、そうしようと努力をしている方々はいますし、そんな人のもとであれば育成者の責任も楽ちんなのですが、普通はそうはいきません。

部下が力をつけて、優れた貢献をしていることを組織に認識させる、それは育成者である自分の責任です。部下は、力をつけて、優れた成果を上げたところを上層部から認められれば、大きな自信になり、次のステージに向かうモチベーションが非常に高くなるのは間違いありません。生み出したいのはこのサイクルです。

では、部下が認められるにはどうしたらいいのか、一緒に確認をしていきましょう。

部下の叫び

かなり頑張ったんですけど、認められないんですね。

昨日、今年の評価会議があったそうで、私の評価を課長から聞きました。

私的には、これもやったし、あれもやったし、とかなりいろいろなことで成果を上げたつもりだったのですが、評価は「まあまあ」といったところということです。

この一年間、鈴木さんから与えられた仕事をいろいろと頑張ってちゃんとやってきたんですけれども、何が足りなかったのでしょうか。これだけのことをこなしている人はあまりいないと思うので課長に聞いてみました。すると、

「細かいことばかりをやっている、ということだよね。評価の高い人は、『これだ!』という成果を上げているんでね。」

というのが課長の説明です。

「いろいろとやったんですけど。」

「うん。小林さんの仕事は、小さい作業がたくさんあった、という感じなのでね。」

確かに、他のグループの同年代は商品の改良品を最初から全部やって成功させてました。私もそうしないと高い評価はもらえない、ということらしいです。

とは言っても、仕事は上司からもらうものですから、どうしたらいいのでしょうか。

課長は鈴木さんと相談すると言っていましたので、またその結果待ちです。

ただ、一年間、誰にも負けないように頑張ってきましたし、成果は上げていたと思いますから、それが組織に認められなくて、とてもとても悲しい気分です。「私の一年を返して!」という気持ちです。

上司のアクション その40

「こんな成果を上げました」と言える仕事を与える。

責任や仕事をうまく与えることが重要だという話は既に何度も出てきています。それは本人の動機付けのためであったり、本人が力をつけるためであったりするのですが、ここで強調したいのはどんな仕事をどう与えるかは、部下を組織に認めてもらうためにも大切なことだ、ということです。

業務はどんな業務であれ、いろいろと細かいことややらなければいけないことがあります。新人であれば一つのことを選んで渡せばいいのですが、経験を積んだ部下はもっと貢献できますから、複数の業務を担当させることとなります。

そこで、ポイントとなるのが、どんな組み合わせで仕事を与えるか、ということです。

部下思いの上司からよく聞くのは、仕事量への気遣いです。仕事が多すぎると部下はパンクしてしまうので、適切な仕事量になるように気を遣って、どれとどれを、どれだけ担当させるかを決めていると言います。他にも部下がいるならば、組み合わせをパズルのようにして、仕事の量が平等になるようにと大変な苦労をしている、そんな話をよく聞きます。

確かに業務の量を考えなければいけないのはその通りですが、量だけの話ではなく、考えるべきなのは、くくり方です。つまり、複数のことを、どうくくれば意味のある塊になるのか、それを考えて、できるだけ塊で仕事を与えたい、ということです。

なぜ、くくりが大切かというと、「あれと、それと、これ」をやりました、という話は、小粒のことをいろいろこなしたということになり、大きな成果を上げたことにはならないからです。「この一つ」と言えることがあると組織からは評価をされます。そもそも、これは部下本人がやりがいを持って主体的に仕事をするために必要なことであり、

簡単な例で言うと、「抹茶味の商品の企画と商品化とカカオ味商品の営業支援」といったように違うことを混ぜたくはなく、「企画と商品化（抹茶味とカカオ味両方）」または「営業支援（抹茶味とカカオ味両方）」という機能軸、あるいは「抹茶味商品（の企画と商品化と営業支援）」またたは「カカオ味商品（の企画と商品化と営業支援）」という担当商品軸、どちらかに決めてあげ

るということです。

そんな簡単に都合のいい「くくり感」のある分け方はできないよ、という声が聞こえてきますが、本当でしょうか？　初めからできないと思っていないでしょうか。これはこだわるべきだと思います。もし、作業の量に心配があったとしても、「くくり感」を優先した仕事の分け方にするべきです。

もちろん全ての業務が一つのくくりにまとめられるとは限りません。まずは「くくり感」のある仕事を中心にして、それが、理想的には本人の80％、最低70％の比率になるイメージであればいいと思います。

部下がこの仕事を成し遂げたら、組織から評価されるのだろうか？　と一年が終わって評価のときにそれを考えるのでは完全に手遅れです。一年の目標と計画を立てる時点で、いいくくり感のある「こんな成果を上げました」と部下が自分で言える仕事を与えられるよう知恵を絞りだして考えましょう。

塊を作る

- 仕事量で分配するのではなく、塊になる分け方がないかを考える。

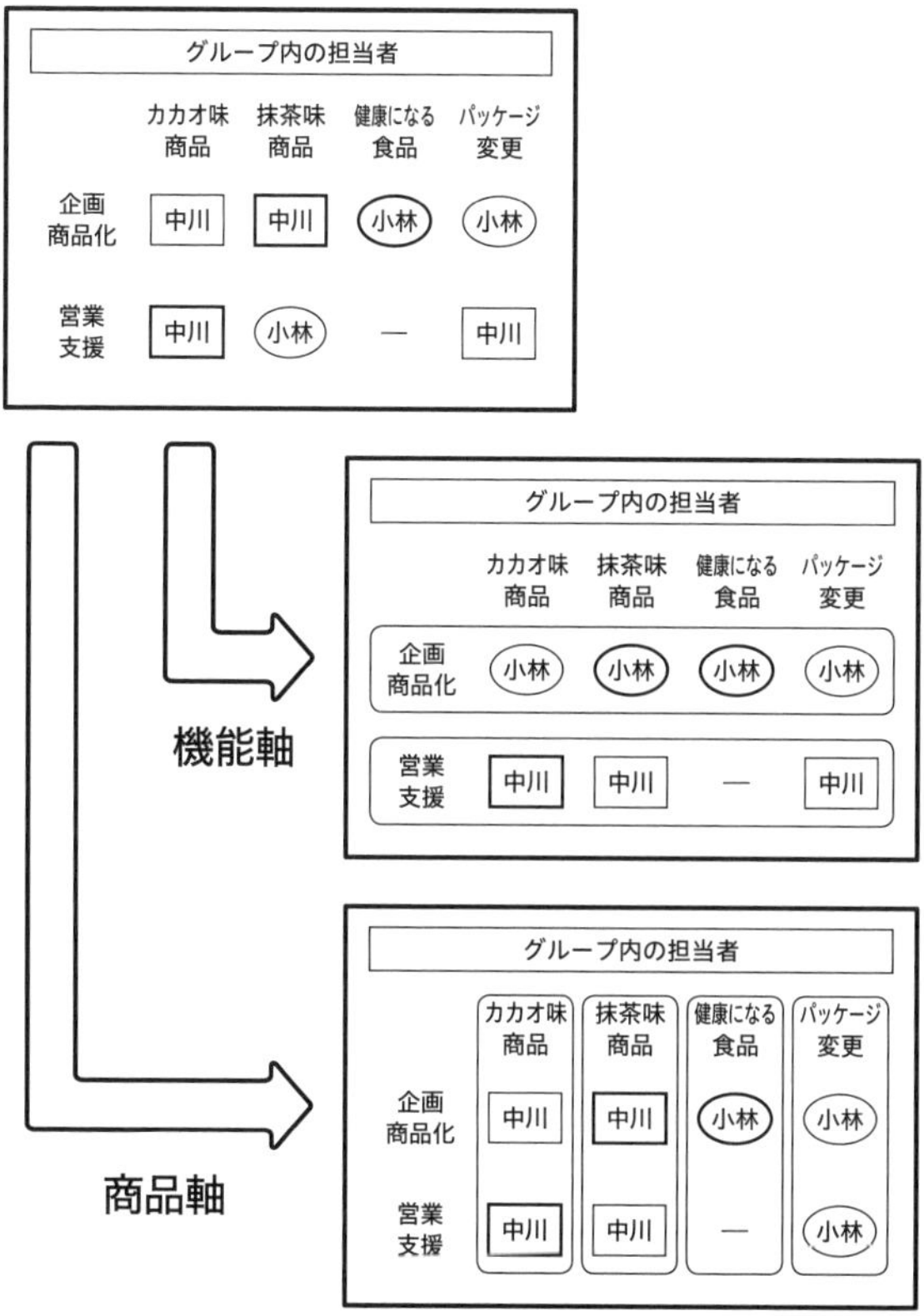

部下の叫び

もう少し認めてもらえるところに転職しようと思います。

その後、私の仕事は大きなくくりでわかりやすくなりました。部署にとって重要な戦略的なプロジェクトを全体で任されています。自分自身もこれを成功させようとやりがいを持ってやってきています。この数か月で、かなり進みました。

昨日、部長とのプロジェクト進捗会議がありました。

書類は全て私が準備したのですが、鈴木さんが話をしました。ここは任せてということでしたので、お願いをしました。

部長からは、考え方が明確で、成果も上がってきているということで、鈴木さんはかなり褒められていました。よかったと思います。

私は、後ろで聴いていたのですが、書類にある名前を見て、部長が、

「これは誰でした？」

あわてて課長が私を指さして、

「小林さんです。頑張ってくれています。」

とフォローしてくれました。これが、結構ショックでした。私は部長に知られてなかったのですから。部長が力を入れている戦略的なプロジェクトを担当しているのに、です。

かなり、頑張っているのですけれど、鈴木さんの陰に完全に隠れてしまっているのだと思います。鈴木さんは上の人から認められていてうらやましいです。部下ですから、不満だということではありませんが、全てが鈴木さんの手柄になっているようで、ちょっと残念な気持ちもあります。

仕事の内容にやりがいはあるのですが、もう少し、自分がやったことをちゃんと認めてもらえる環境で仕事をしてみたいです。力もついてきたと思いますから。

やはり、そろそろ転職を考えるときなんだと思っています。

上司のアクション　その41

「露出」の機会を作る。

『Empowering Yourself』という書籍で著者の Harvey Coleman 氏はキャリアの成功はＰＩＥモデルというＰとＩとＥの３つの要素で成り立っているという調査結果を発表しています。

一つ目のＰは Performance です。成果を上げること、結果を出すことはもちろん最初の必須要素です。これには誰も驚きません。ＰＩＥモデルのポイントは、実はキャリアの成功にとってＰの単独での影響は10％にしかすぎず、90％がＩとＥである、ということです。

Ｉは Image です。人は人をイメージで評価するので、いいイメージを作ることが大切だという直観的にも受け入れられる結論です。例えば、同じ結果を出す二人がいるとしましょう。いつも前向きで元気な人と、いつも後ろ向きなことを言って覇気のない人、どちらが次のチャンスをもらえるか、それは明らかです。本当はしっかりしていても、頼りない感じではだめでしょうし、本当は中身が濃い人物でもおちゃらけた感じがすれば信頼されず、チャンスはもらえないということです。Coleman氏の調査によるとイメージの影響は30％ということです。

そして、E。これはExposure、つまり「露出」です。この要素の影響が決定的に大きく、60％にもなるという結論です。「露出」というのは評価をする人の前にどれだけ出てくるか、評価をする人がどれだけその人を目にする機会があるか、ということです。考えてみれば、これは大変妥当な話で、評価をする人にとっては、いくら間接的に「彼女は優秀だ」「彼の貢献はレベルが高い」と伝えられても、結局は直接その人物の様子を見ない限り、前向きな評価を下すことはないし、その人物に次のチャンスを与えることもないということです。

Coleman氏の調査の数字は米国企業のものです。日本ではどうでしょうか。日本ではいろいろなことがあいまいで、客観性に乏しい判断が多いですから、かなり間違いなく、この結果と同じような結果、あるいは、さらに「イメージ」と「露出」が重要だ、という結果になるのではないでしょうか。

つまり上司として部下を成功させるには、評価を決める重要な人物、つまり組織の上層部に、いい「イメージ」がつく「露出」をさせなくてはならないということです。

具体的に何をやるかといえば、部下がいい話ができそうなタイミングをとらえて、組織の上層部に向けて報告させる機会を作る、プレゼンさせる機会を作るということです。

「この戦略の考え方はとてもいいから、月末の部長プレゼンで20分話をする準備をして。」

「今回の成果は素晴らしいから、課長の時間を30分もらうので、プレゼンして。」

定期的な会議の仕組みがあるならば、簡単な話になります。その中で、機会を作ってあげればいいでしょう。もし定期的な機会がなければ、区切りのいいところを見つけて、課長、部長、役員、社長の時間をもらう、こうした働きかけをすることが上司である自分の役割です。

組織の上層部に話す価値のあることをしていると上司から認められ、また上層部からも直接認められれば、それがさらに部下のモチベーションにつながることは言うまでもありません。

成果だけでは認められない

- 成果を出しているかどうかが問題で、イメージで判断するのはフェアではないと思ってしまう。
- 成果を出せば、部下の貢献と能力を上層部はわかってくれると思ってしまう。
- 説明すれば上層部はわかってくれると思ってしまう。

実態は

上司のアクション

成果を出すのは
もちろん最重要

評価をする上層部がいいイメージを持つことが重要
（信頼感、責任感、前向き、積極性、など任せられるイメージ）
⇨
- 悪いイメージを生み出す態度・発言・行動はやめさせる
- いいイメージになる態度・発言・行動を努力させる

評価をする上層部が
直接接点を持つことが重要
⇨
- 重要な会議でプレゼンさせる
- プレゼンの機会を作る
- カジュアルな場で引き合わせる

露出する！

部下の叫び

大事なプレゼン失敗して最悪です。

「もうちょっとわかりやすく説明してくれない。」

20分間の予定の部長へのプレゼンの最初の5分で部長から突っ込まれてしまいました。

確かに自分でもわかりにくい話になってしまっている感じはしました。

「で、結局、どういう結論?」

いろいろなところで質問をされて、答えもしどろもどろで、しかも最後に結論がわからないとまで言われ、本当に最悪でした。

終わった後にさすがに課長に申し訳ないので謝りに行きました。

「課長、すみません。次回はもっとちゃんとできるようにします。」

「いや、すみません、ってことはないんだけど、鈴木さんに準備を見てもらった？」

「はい、資料を見ていただいています。特に何もコメントはいただかなかったのですが。」

「こういう機会は大事だから、ちゃんとやらないとね。」

「はい。すみません。」


私は特に緊張するタイプでもないので、何とかなると思っていました。甘かったです。資料はちゃんと作ったつもりでしたが、話をしてみると、資料の順番もよくなかったと思いましたし、足りない資料や余分な資料もありました。そもそも自分が何を言いたいかがあいまいなまま、その場で何とかしゃべれるだろうと思っていました。まさに準備不足です。

せっかく自分の仕事を上の方に話をするチャンスでしたが、逆効果になってしまいました。とてもイメージが悪いと思います。ちょっと涙が出るくらいな感じです。これでは、なかなか次のチャンスはないかもしれません。私にこの会社での将来はもうないかもしれません。

上司のアクション その42

プレゼンは絶対に成功する準備をさせる。

「すみません、部長。彼女はよくやってくれているんですが、プレゼンが上手じゃないようで、いいところが伝わってませんでした。」

こんなことを平気で言う上司がいますが、こんな言い訳は絶対に許されません。

プレゼンがうまくできていなければ、本人に悪いイメージがついてしまいますから「露出」をさせても逆効果ですし、本人も落ち込んでしまうでしょうから、これ以上よくないことはないというほど最悪なことです。

部下にプレゼンをさせるならば、完璧な準備をさせる。これは鉄則です。部下がうまくプレゼンできなかったら、部下が悪いのではなく、準備をさせる立場の自分の責任だという認識を持っておかなくてはいけません。

プレゼンがうまい、下手というと、表面的なテクニックの話になりがちなのですが、決してそうではありません（外部に営業のプレゼンをするのであれば、顧客の関心を引いて、雰囲気を盛り上げる、といった、ショーやエンターテインメントの要素が必要なのですが、この話は、上層部に対する組織の中でのプレゼンの話です）。

上層部へのプレゼンは、業務の内容を報告し、その後の進め方に了解をもらう、ということが目的ですから、重要なポイントは「説得力」と「わかりやすさ」です。だいたい、このくらいでいいか、ではなく、完璧に準備をさせる、それが上司、育成者の責任です。

準備はフィードバックの繰り返しです。最初にどんなプレゼンをして何を果たしたいか、を部下に説明したら、部下にプレゼンを作らせます。そして、部下が作ったものに対し、赤ペンでフィードバックをしていきます。最初は、全体の流れや、ここをもうちょっとこういう方向性で考えなさい、という考え直すことが必要なフィードバックにして、書き直しさせます。また、書き直したものを見てあげて、フィードバック。それを何度も何度も繰り返すことで、最後は言葉の一つ一つが正確に使われているかまで詰めてあげる。こんな手順です。本人の実力と内容の複雑さによりますが、3回から5回は書き直させなければ、そのレベルには達することができないでしょう。

繰り返しますが、準備で「この辺どうかな」というところが一か所でもあれば、上層部をごまかすのは不可能ですので、プレゼンは絶対にうまくいきません。

つまり、完璧な準備をさせる、ということは、このように、何度もフィードバックをしたり、本人に考えさせたりするわけですから、「説得力」のためには何が必要なのか、「わかりやすく」するにはどうしたらいいか、これを教える大変効果的な育成の取り組みだということです。

絶対に成功させなければいけませんので、さらには、この話を聞いた上層部がどんな質問をする可能性があるのか、Q&Aまでも準備をする必要があるでしょう。

そして最後は、時間を測ることまで含めたリハーサル。このくらいをしておかなければ重要なプレゼンは絶対に成功をしません。今までさすがにここまではやっていない、ということなら、是非次回はしっかりと準備をさせた質の高いプレゼンにしてください。それが育成です。

プレゼンの準備は徹底的にやらせる

- 準備したものを徹底的に精査、フィードバックする。
- 自分がプレゼンを受ける立場で厳しく評価しフィードバック。

必ずチェックすることの例

内容の質・説得力

＊ プレゼンの意図は明確か？
＊ プレゼン相手が聞きたい内容の話になっているか？
＊「何を果たそうとしているか（目的・目標）」は描けているか？
＊ 大きなことを目指す話になっているか？
＊ 会社・組織の方針・戦略に沿った話になっているか？
＊ 状況を的確に把握しているか？
＊ 課題や重要なポイントをとらえているか？
＊ 分析は妥当か、思い込み・決めつけ・こじつけはないか？
＊ 結論は論理的か？
＊ 戦略のアイデアはあるか？
＊ 本当にそれで結果は出るのか？
＊ 計画は緻密か？
＊ 理論のつながりがないところはないか？
＊ 予想される全ての質問に的確に答える準備はできているか？

わかりやすさ

＊ 結論から入っているか？
＊ ポイントが絞られているか？
＊ 複雑すぎないか？
＊ 無駄な情報が混ざっていないか？
＊ 全ての言葉は理解してもらえるか？
＊ 誤解や混乱を生む表現はないか？
＊ 図や表は的確か？
＊ 資料の字は小さすぎないか？
＊ 必要な「実物」は準備されているか？

部下の叫び

私のやってきたことには意味がないのでしょうか？

私たちの会社では、評価をちゃんとやろうということになって、成果の報告を書面で出すことになりました。まるで、就職活動のときに、学生時代に頑張ったことを書いてください、というエントリーシートのようです。とりあえず、一晩かかって書いてみました。鈴木さんが課長に見てもらえ、ということでしたので、課長に見てもらったら、玉砕です。

「これでは、成果が何なのか、貢献が何なのかわからないよね。」

「えっ？　これではだめなんでしょうか？　この一年で頑張ってきたことを整理してしっかりとまとめたのですが。」

「成果を書いてほしいんだけど。」

「それを書いたつもりなんですが。」

「いや、これは小林さんが何をやっていたかだよ。何をやったかも大事なんだけど、その前に一番大事なのは、結局、目標は達成したのか、近づいたのか、という成果を書くことなんだ。それが貢献だし、それを評価するんだから。」

私のやってきたことは意味がないのでしょうか。ちょっと悲しい気持ちになりました。

「すみません。どういうことですか。」

「英語のテストに当てはめて説明しようか。毎月の模擬テストで英語がいつも50点だとしよう。目標を90点にして、これから英語ができるようになりたい、と決めた。いろいろ頑張った。本当に頑張った。そして1年後、成果は？ って聞かれたら、ドリルをやりましたとか、わからない単語を勉強しましたとか、言わないでしょ。何点取れるようになったかだよね。90点取れるようになりました、クラスでいつもトップ5に入っています、とか、それが成果だ。仕事でいったら、ドリルをいくらやっても、点数が上がらなかったら何やってんだ、という話だからね。給料は成果に対してもらうんだからね。で、成果は上がってるの？」

なるほど、そうですね。確かにドリルをいくらやっても点がよくならなかったらだめですもんね。私の仕事に当てはめたら……まだちょっとわかった気がしませんが考えてみます。

上司のアクション その43

貢献の語り方を教える。

あまり耳にしない言葉だと思いますが、Context、Action、Result という3項目で成り立つCARフォーマットというものがあります。これは欧米で使われている「自分が成し遂げた仕事の価値」を語るためのフォーマットです。

そもそも組織から高い評価を得る貢献とはどんな貢献なのでしょうか?

組織にとって価値のあることは結果です。問われるのは、どれだけ頑張ったかではなく、どれだけまじめにやったかでもなく、生み出した価値です。

例えば担当する商品の売り上げを2倍に伸ばして、会社に何億円の利益を生んだ。事業部や営業部の仕事はこういったわかりやすい数値を価値としてとらえることが多いでしょう。

それはその通りです。しかし、価値は売り上げや利益の数字という短期的な財務の数字だけではありません。例えばブランド力を高めた、お客様からの信頼を高めてロイヤルユーザーを増やした、ということは、短期的な売り上げよりも、中長期的に会社にとってより高い価値であるという可能性も十分にあります。また、人材を育成した、優れた組織を作った、という貢献も将来の会社にとって大きな価値があるはずです（まさにこの本です！）。

つまり、価値とは、短期的な財務の数字もありますし、組織の将来を支えることを生み出したのか、ということも必ず含めて考えるべきだということです。

ここまではいいのですが、ややこしい話がここに絡んできます。それは、その結果を出すことはどれだけ難しかったのかということです。例えば、売り上げを2倍にしたけど、それは市場が伸びているからではないか。ならば、誰にでもできたことでしょう。2倍では不十分だったかもしれません。逆に、売り上げは去年と同じであっても、競合他社が投資をしてきて、こちらは今までの投資額で持ちこたえたのであれば、それはすごい、ということです。

つまり、その結果を語るときには必ず、その生み出された結果を生み出すことはどれだけ難しいことだったのかを語ることが必要になるということです。そして、難しいことであったならば、そこには必ず本人の優れた発想や優れた行動があるはずです。

つまり「私の上げた成果は、これだけ難しいことでした、それをこうやって乗り越えて、これだけ優れた成果、つまり組織にとっての高い価値を生み出しました」。これを説明してもらえると、貢献の話は大変理解しやすいものになるのがわかると思います。これが、ＣＡＲフォーマットです。

Context（コンテクスト：背景）、取り組んだことが、どれだけ難しいことだったのかがわかる背景や環境の説明。

Action（アクション：行動）、その難しい背景や環境で、どんな優れた視点で状況を分析し、どんな優れたアイデアを持ち込み、どんな優れた行動をしたのか。

Result（リザルト：結果）、どんな結果が生み出されて、どれだけ会社にとって大きな意味のある状態にしたのか（会社にとってどれだけの価値がある結果なのか）。

皆さんの組織に毎月の業務報告書の仕組みがあれば、その書類をCARフォーマットで書かせてください。仕組みがなければ、是非、月一回書かせるといいでしょう。それほどまでしてやるべきなのは、これが単に自己アピールのスキルの話だけではなく、そもそも、「やりました」「頑張りました」ではなく、「組織にとって価値のある成果とは何か」をつかませる育成のプロセスになるからです。多くの場合、わかっているようでわかっていない大変、大変、重要なことです。

CARフォーマット

- 貢献の価値は、結果だけではわからない。
- その結果を出すのはどれだけ難しいことだったかがわかる必要がある。
- そして、難しいことであったなら本人の優れたアクションが必ずある。

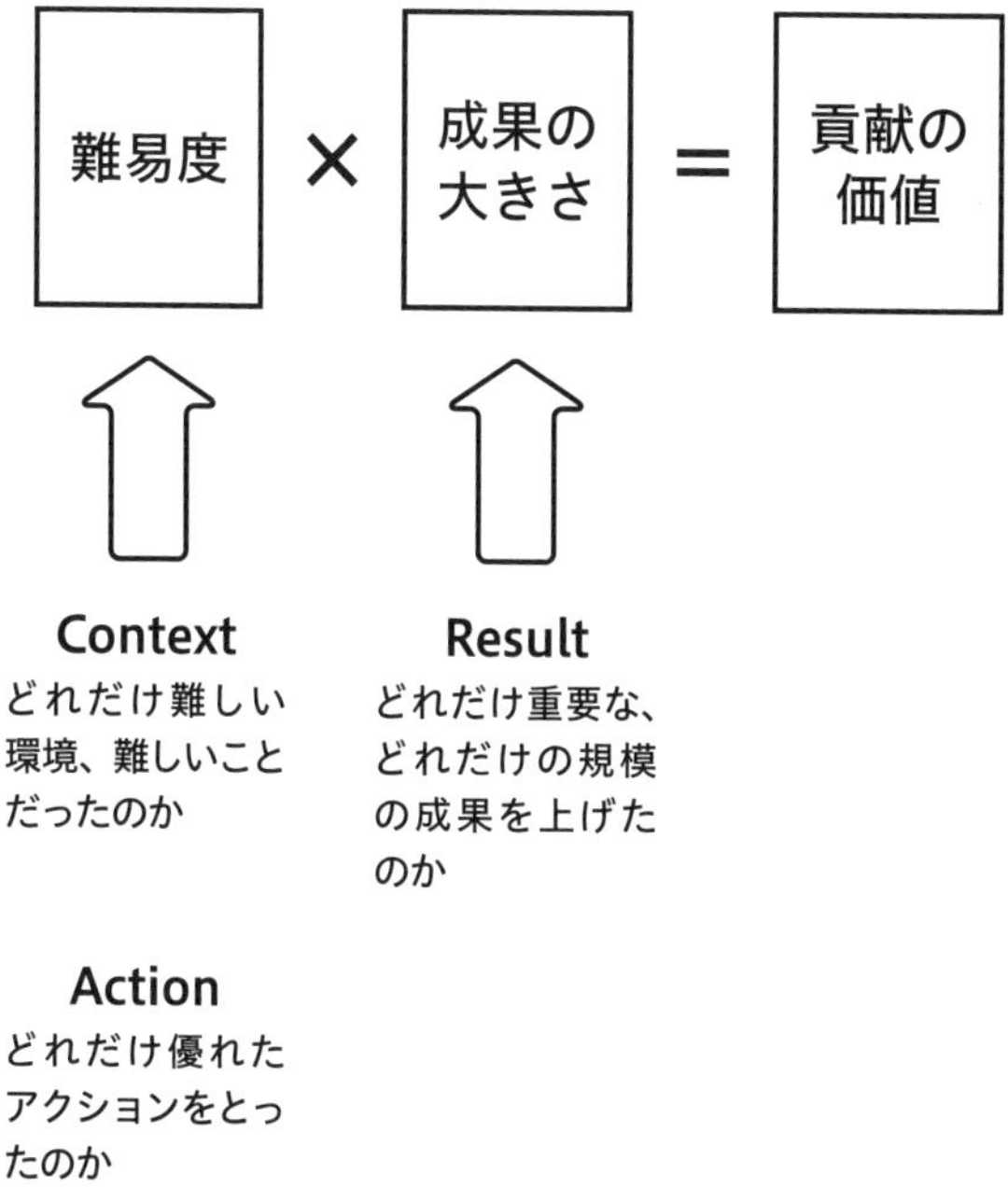
難易度
×
成果の大きさ
=
貢献の価値
Context
どれだけ難しい環境、難しいことだったのか
Result
どれだけ重要な、どれだけの規模の成果を上げたのか
Action
どれだけ優れたアクションをとったのか

部下の叫び

私はやっぱり認められていない気がします！

鈴木さんには最近の仕事をとても褒められます。

特に、最近まとめた企画についてとても企画の質がよくなったと言ってくれています。

褒められると悪い気はしないのですが、ちょっと褒められすぎの感じもしています。考えすぎかもしれませんが、鈴木さんが私を褒めとかないといけないと気を遣って褒めてもらっている気がしています。部下を褒めるのが上司の仕事だという面があると思いますので。

褒められるといえば、隣のグループの山本さんは企画課のミーティングで、山本さんが企画した改良品の企画が営業のメンバーにとても好評だといって、成果を褒められていました。

私の企画も既に取引先の反応もとてもいいので、実は私のほうがすごいのではないかとも思うのですが、わかりません。確かに、山本さんは認められています。

隣の係りの森田さんは同年代ですが、今年表彰状までもらっています。すごいですね。表彰なんて私には縁がないと思います。ただ、内心、こっちも内容としては、なんか私のほうが優れた成果が出てきているのではないかと思ってしまいます。私の思いあがった見方なのでしょう。森田さんはなんといっても表彰状をもらうほどですから。

営業部の部長さんも山本さんと森田さんのことを知っていました。営業部からも二人は評判がいいようです。二人とも活き活きと営業部と仕事をしています。

別に、褒めてほしいわけではないですし、表彰が欲しいわけでもないですし、営業部で人気になりたいわけでもないですけど、鈴木さんに褒められている割には、やっぱり私は認められていない気がします。

私の考えすぎでしょうか。

上司のアクション その44

みんなの前で認める。

優れた貢献を認めて褒めるのが部下の動機付けのために大切であるということは言うまでもありませんが、育成のために、是非、積極的にやるべきなのは、みんなの前で認める機会を作る、ということです。

グループのミーティング、課のミーティング、部のミーティング、会社全体のミーティングなど、いろいろな規模の機会がありますので、認めてあげる内容に見合った場面を選んで、こんな優れた成果を上げました、と話をします。

なぜ、みんなの前で認められることが大事かといえば、簡単に言うならば「公式」感が出て、認められていることをより実感できるからです。

上司として「面と向かって」認めることがまずは大事なことですが、やはり、それは二人だけの世界で起こっていることになります。認めているということがちゃんと伝わるように工夫はするのですが、あくまでも「私の言っていることを信じてください」ということになり、そこには限界があります。そこで、それを1ステップ、より信じられるようにするのが、組織のみんなにも伝える、ということです。みんなの前で言われるということは、本当なんだよね、という説得力が生まれるということです。「公式」に認められた、という感覚です。

上司はプロモーターですから、部下の価値のある貢献を周りに知らせる責任があるという側面もあります。優れた成果を上げたことを多くの人が知っていれば、次のチャンスをもらう可能性も高まりますし、周りからも認められている状態にできていれば、本人にとって、その職場は大変やりがいのある状態になるでしょう。

これを、うまくやるポイントは、人の前で発信する内容の説得力です。話の内容に説得力があれば、本人はじめ、周りも納得します（前項のCARフォーマットで部下の貢献を話す、ということですね）。最初に触れた、グループ、課、部、全社など、どの場面がいいのかを判断することと、また、どのタイミングがいいのか、ということも説得力と納得感に大きく影響しますので、慎重に選ぶ必要があります。

適当にやると失敗して、大きな問題を起こしてしまいます。例えば、「彼女を見習って頑張ってください」といったようなことをつい最後に口走ってしまうと、聞いていた人たちの中では、認められた人を認める気持ちになる人よりも、その言葉に反発する人を数多く生んでしまうでしょう。そんなことになったら本当に大変です。慎重な準備が必要です。

皆さんの組織には表彰制度があるでしょうか？

表彰制度こそが、この目的のためにあるものです。表彰を受けるということはまさに「公式」に認められることであり、幅広い人に知ってもらえる機会です。制度があるなら、その制度を自分の部下のために活用してください。会社全体で制度がなければ、上司の課長や部長と相談して、自分たちの表彰制度を作るのもいいでしょう。

中には、人前で褒めたりすることはできるだけ避けてほしいというようなことを言う部下もいますが、内容が的確で、適切な場面で認めるのであれば、誰も認められて困る、ということはありません。是非、積極的にやってみてください。

みんなの前で褒める

なぜ、みんなの前で称賛することが重要なのか？

- 褒められたことが「公式」になる
（組織にとって価値があったと確信できる）
⇨ 本人の自信と動機付け

- 上層部への露出とイメージづけ（アクション４１）

- 周囲への影響
⇨ 何が褒められるのかが明確になる
⇨ 刺激、競争意識（個別にフォローする）

褒め方のポイント

- 適切な場面を選ぶ（内容に合った規模）
- CAR フォーマット（アクション 43）で褒める（貢献の価値の説得力）
- 周囲からネガティブな反応を生まない言葉づかいを徹底

私の上司は何を見てるのでしょうか！

私の上司の石川課長とは私は意見が合わないことがよくあります。

部下の小林さんがこれだけ活躍してくれてるのに、課長は小林さんを評価してくれていません。私は小林さんを高く評価しているので、いつも褒めているのですが、課長はまだ物足りないといいます。今日の評価会議で急に「どうかな」と言い出して結局は課長の意見の通りの結論になってしまいました。

一体、課長はどこを見ているのでしょうか。あまり課長はが現場で必要な仕事を評価してくれないのはいつものことなんですが。小林さんについてはちょっと極端な感じがします。

小林さんには、今回いい評価がもらえると思う、と言ってあるので、これからこの思わぬ結果を本人に伝えなければいけないので気が重いどころの話ではありません。相当がっかりするでしょうし、私の信用もがた落ちです。石川課長、あまりにもひどいのでどうかと思います。

上司のアクション その45

育成の状況を上司に報告してすり合わせておく。

自分は部下を高く評価しているのに、自分の上司はあまり部下を認めてくれない。また、その逆で、なぜか上司が部下を高く評価している。確かによくあることです。

上司と自分のある人への評価が違うのはなぜなのかといえば、二通りのケースがあるでしょう。一つは、見たことが違う、持っている情報が違うということと、もう一つは、判断の軸が違うというケースです。もし違いがあるならば、上司が何を見て・聞いて、何を評価しているのかを上司に冷静に詳しく聞くことです。上司が見たり・聞いたりしていることの情報量の問題であれば、説明をして、同じ情報を持った状態になれば合意できるでしょうし、もし、判断の軸が自分と上司で違うようであればその見方を学ぶことも必要です。

ただ、一番大事なのは、見解が違う状態になる前に常に認識を上司とすり合わせをしておくことです。育成のことを話し合うミーティングを最低一か月に一回は上司と設定し、常に現状を報告し、認識を共通にしておくといいと思います。上司からもいいアドバイスがもらえるでしょう。

Level. 6

Career Planner Stage

キャリア・プランナー・ステージ

将来の成功を
支援する

将来の成功を支援する

このステージでは、部下がこれからどう力をつけて、どんなキャリアを実現していくのか、部下と一緒に考えて導いていきます。部下の将来を描く役割ですから、大きな責任を担うことになります。

このステージで扱う内容は既に仕組みになっている組織も多いと思います。ただ、何度も出てきた通り、その運用の質がポイントです。本当にその仕組みは機能しているのか、育成は効果的に行われているのか、機能している感がなければ、これをきっかけに、改善のアクションにつなげてもらえればと思います。

何よりも、「部下を成功させたい」「成功させなければ」という気持ちが大事ですが、具体的には2つのことが大事だと思います。

一つ目は、全てを明確にして論理的にきっちりとやっていくことです。部下の現状を把握し、目指すことを決め、きっちりと計画を立て、進捗をチェックしていく。育成を成果を強く意識したプロジェクトとして扱う感覚です。やはり、書類としてしっかりと書き出すことが鍵になります。

もう一つは、部下にとって本当に何がよくて何が必要なのか、で考えることです。そのためには、部下の想いや考え、その背景や環境などを深く知ることをしなければなりませんし、部下が持っていない情報と考え方を取り入れられるようなサポートが必要です。

重い役割ですから、レベル感、正式な責任としては、管理職、つまり課長がこの役割を担うのが妥当なのでしょう。この本を読んでいただいている皆さんの中にはまだその立場にない方も多いでしょうが、できるだけのことに取り組んでみるのがいいと思います。

課長になって、責任を担うようになったら、またこの本に戻ってきてもらいたいと思いますが、課長になっても急にできるようにはなりませんから、今から少しずつできることをやっていくのがいいでしょう。

部下の叫び

早く違う道に進んだほうがいいのでしょうか。

今年もビジョン・シートを書く時期になりました。去年も、一度書きました。ただ、何を書いたかは覚えていません。今年は会社が力を入れているということで、課長からはしっかり考えて書きなさい、とのことでした。確かにいつも忙しくしているところに、10年先に自分がなりたい姿を考えて書く、ということはとてもいい気分転換です。

で、最初はぴんと来ませんでしたが、私は何がしたいんだろうかともう一度考えたところ、思い出しました。私は、教員になろうと思っていたのでした。

教員になりたいと思って、大学で教員資格をとりました。もともとは教員を目指していたんですが、就職活動では、たまたま出会ったこの会社の採用担当者からこの会社と仕事の内容を聞いて、ある意味、電撃的に方向を変えました。結果、よかったと思っています。商品の企画やマーケティングは面白いので、今まで後悔したことはありません。

ただ、私が本当にやりたいのは教員の仕事だったのだと思いました。いつか、また教員になりたいと強く思うときがきっとあるでしょう。人に何かを教えるのは私が一番やりがいを感じることですから。

ということで、10年後のビジョンの欄に「教員として人の成長を支える仕事をする」と書きました。

書類を出したところ、上司の鈴木さんは、「そうなんだ」とだけ言っていました。

課長は、「OK、書いてくれたんだね。これでみんなの分集まったから人事に出しておくよ」とのことです。書いたのはいいのですけど、人事はこれを見て何をするのでしょうか？

結局、今やっていることが自分がやりたいことなのかわからなくなってきました。早く教員の道に進んだほうがいいのでしょうか、今の仕事もやりがいはとてもあるのですが。

上司のアクション その46

キャリア・ビジョンと組織の中の可能性をすり合わせる。

前述のように「ビジョン・シート」というものがあります。自分自身で自分の価値観や自分がやりがいを感じることを明確にして、3年後や10年後の自分の成功のイメージを描き、その実現にコミットしよう、そういった話です。この仕組みはかなり多くの組織で取り入れられていると思いますので、皆さんの組織でも既に運用されているかもしれません。

しかしながら、問題はそれを活かすことができているのかどうかという点です。上司が見て、「やりたいことが明確になったからよかったね。いつか教員になりたいんだ。知らなかったよ。頑張ってね」。これではいけません。

組織としてビジョン・シートを書かせるのは何のためなのか、それは一人一人の興味や認識と会社のニーズを重ね合わせ、キャリアを成功させる計画につなげるためです。つまり、3年後、10年後、成功のイメージを部下が書いてきたら、その内容について一緒に考え、その後の方向性や具体的なアクションを決めるというところが、この仕組みで最も重要なポイントなのです。

部下の描いたビジョンの専門の方向性はどうなのか、どんな領域でどんな仕事をしたいと言っているのかという視点でまず検討します。結果、3通りの可能性があります。

最初は、今やっている仕事、役割の延長線上にやりたいことがあるケース。例えば、今やっている商品開発の仕事を、誰よりも専門的に極め、会社全体の商品開発の戦略を考えるような立場で仕事をしたい。これであれば、今でも必要な専門力を徹底的に磨くことをサポートします。

二つ目は、今の仕事の延長線上だが、役割としては他の部署の仕事になる仕事をやりたいというケース。例えば、今は商品開発をやっているが、将来はブランド戦略的な仕事をやりたいという場合。商品企画で身に着けた専門力はブランド戦略の仕事でも活かせるに違いありません。しかしながら、同じ部署の仕事ではないので、部署異動が必要で、より不確定性の高いケースです。まずは、その仕事に向いていそうか判断してアドバイスです。もし向いていそうであれば、上司を巻き込み、異動先とも相談して可能性を探っていく、という中期的なプランを考えることになります。あくまでも組織の環境とニーズによって実現性は不確定である、ということを本人に認識してもらいます。

最後は、今の会社にいる限り実現できそうもないビジョンを掲げた、というケースです。結論は他の職場を考えたほうがいいということかもしれませんが、簡単に結論づける前に、引き出さなければいけないのは、本人にとって本当に何が重要なことなのか、何が譲れないことなのかということです。例えば「いつか絶対に、教員になりたい」が、子供たちを教えたい、という意味であるなら、早くその道に進むことをアドバイスしたほうがいいでしょう。しかしながら、「人に教えたい、人を育てたい」であれば、商品企画の専門家として将来若手にノウハウを教える仕事は十分あり得ます。そんな話を部下としてみます。

組織は将来どうなるかわかりませんが、極めて可能性の低いことを部下が自分の成功のビジョンとして考えているのであれば、可能性の低さを認識させてあげることは大切なことですし、本人が本当にそうしたいなら、その道に早く進むことをアドバイスするべきだと思います。しかし、上司として力を入れるのは、今の仕事のやりがいを感じさせることですし、その先に成功のイメージを描けるように働きかけてあげることです。本人がやりたいと思っていることと組織の中の可能性との重なりを見つけ、Win-Winのストーリーを作ること、これがキャリア・ビジョンの取り組みとして生み出したい結果です。

この仕組みが機能していれば、「やりたいことがあるのでやめます」はなくなります。

書くだけで終わらない

- 部下のビジョン（長期的に目指していること）は組織とのWin-Winになるのか？
- 組織の中で実現できるビジョンであれば、理想的な動機付けとなるので、ビジョン達成をガイドしサポートする。
- 本人が本気で目指したいことが組織の中になければ、早くその道に進むことをアドバイスするのが本人のために一番である可能性が高い。

ビジョン・シート

部　署　商品企画
名　前　小林
記入日　2021年4月10日

私の中期的ビジョン（3年後）

商品企画で重要なプロジェクトを任され、後輩を指導する立場になりたい。

私の長期的ビジョン（5～10年後）

教員を目指す
（もともと教員免許を持っているので）

大切に考えていること

常に新しいことが学べる仕事をしていたい。
人とかかわることの多い仕事をしていたい。

プライベートのニーズなど

母親が入院することがあり、また、そうなった場合、数日連続で有休をいただけるとありがたいです。

組織の中で実現できないことが出てきた場合は、

1）本当にそれを目指しているのか

2）その中にある重要な要素がこの組織で実現されるのか

部下の意図を詳しく聴いてキャリアをガイドする

部下の叫び

私に「強み」なんてありません。

今まで頑張ってきました、仕事もちょっとできるようになってきました。

先週、人事から、「これから、わが社は一人一人の強みを認識して活かしていく組織づくりをしますので、まずは一人一人自分の『強み』を書いて出してください」という発信がありました。

書いて出せと言われても、私には「強み」なんてある気がしません。ちょっとは仕事ができるようになってきてはいるのですが、「できない」ことが「できる」ようになって、やっとなんとかしている状態ですから、「強み」というレベルのことは何もないです。

ただ、ずっと、学生のころから自分ではいつも心がけていること、それを「強み」と思って書きました。一つは「いつも明るい。元気さ」、二つ目に「立ち直りが早い」です。学生のころに書いていた三つ目の「コミュニケーション力」は、社会に出てみたら、私のレベル感では通用しないことがわかったので、むしろ「弱み」です。

課長に2つの「強み」を見せたら、

「小林さん、こういうことじゃないんだよ。これは仕事で活かせる強みのことだから、スキルだよね。どんなスキルを身に着けてきたかを認識しようということだよ。仕事をうまくして成果を上げるにはスキルがいるだろう？　スキルを意識していこうということだよ。『強み』は活かす。足りないところは身に着けるってね。」

そういうことですね。言っていることはよくわかりました。でも、私が身に着けてきたスキルって何かあるのでしょうか？　周りの人や、他の部署の同期と比べても、なにか私が優れている能力なんてあるのでしょうか？　できていないことはいろいろとあるので、足りないスキルを書け、というならいくらでも書けるのですが。私に「強み」なんてある気がしません。

上司のアクション その47

3つの「強み」と、3つの「これから身に着けること」を書かせる。

部下が現在の状態を自分自身で認識して、これからどうしていくかを考えるために、これまで身に着けてきた「強み」と、「これから身に着けること」を明確にしてあげます。

学生に「君の強みは何？」と聞くと、「コミュニケーション力です」だとか、「リーダーシップです」とか大変立派なことを答えます。これを、社会人に聞くと、ほとんどの人が「う〜ん」と言って黙り込むか、「特にありません」と答えます。今どきの若い子は自信があるのかといえば、きっとそうではなくて、私たちは社会の荒波にもまれると、自分のできないことばかりが気にしてしまい、自分の強みが認識できなくなってしまう、ということなのでしょう。

Tom Rath 氏は『Strengths Finder 2.0』でまさにそれを指摘しています。我々は多くの場合、自分自身の強みを認識していない。もっと活躍するポテンシャルがそこにあるのだから、これは大変もったいないこと。自分の強みを認識し、それを活かすことにもっと力を入れるべきである、と。

我々日本人の奥ゆかしいところなのだと思いますが、大人になると、自分の「強み」よりも「弱み」ばかりを考えるようになってしまいます。しかしながらまず大切なのは「強み」です。飯を食っていくのは「強み」を活かしていくことだからです。

「強み」は本当になかなか出てこないので、無理やりでも3点出すことを決まりにしておくといいと思います。

同時に、レベルアップをするために今持っていない力をつけることはもちろん必要なので、「これから何が必要か」という、努力をする焦点を当てるところを明確にしてあげます。

「弱み」「短所」「改善点」というネガティブな言い方をあえて避けることがポイントです。ネガティブな位置づけにすると、どうしてもそれを直すことに気が向いてしまって、また、「強み」がどこかに行ってしまいます。これを「強みを活かすために、もっとこんなことができればいい」というものだととらえると大変前向きな項目のリストになります。

実際、ある弱みが、強みを活かすためのバリアになっているならば、その弱みを薄めることが重要なことになるのはもちろんですが、むしろ多くのことは今はまだできないこと、つまり、今まで十分に経験をしていなかったり、まだ十分な訓練をしていなかったりすることになります。ネガティブな話ばかりではありません。

「これから身に着けること」は、あれもこれもとなってしまいがちなので、「強み」とバランスをとるためにも、こちらも3点あげる、という決まりにすることをお勧めします。

力を伸ばし、力をつけるということが目的なので、内容を考えるときはスキルで考えます。例えばレベル2で触れた仕事の基礎力、そして組織で決めている必要な専門力、そのリストの中から具体的にはどの部分なのかを明らかにします。

進め方は、部下が自分で考えることが大事ですので、部下に自分で書き出させます。と、同時に、部下の話でバイアスがかからないように、上司としての考えを書き出します。これを持ち寄って話し合い、最終的には部下自身が、納得感のあるリストに仕上げられれば完璧です。

上司として部下の「強み」と「これから何が必要か」を評価し、決めてあげることは簡単ではありません。しかしながら、これが的確にできることこそが育成力の鍵ですから、上司とも相談をして、見方を学び、力をつけられるよう是非、頑張ってください。

スキルの評価

- 本人の自己評価と上司の評価をお互いが準備して話し合う。
- 責任を持ってまとめるのは上司だが、必ず、本人にも自己評価を書かせ、自分のスキル評価をする力をつけさせる。
- 必ず、紙に書き出した上で話をする。
(あいまいにしないため)

スキル評価　自己評価

全体評価

順調に企画の仕事をする力をつけてきている。慎重になりすぎずに積極的に組織に働きかければさらに

これから身に着けること

1. 論理的なコミュニケーション
2. 伝える力：他部署を混乱させ
3. 分析力：データから的確にポ

スキル評価 小林さん

全体評価

順調に企画の仕事をする力をつけてきている。慎重になりすぎずに積極的に組織に働きかければさらに活躍できる。

強み

1. 顧客情報の整理力：質的調査からユーザーの心理をモデルにするなど、情報を組織のナレッジにすること。
2. 他部署を巻き込む力：積極的に他部署をタイムリーに巻き込むことができる。
3. 論理的な思考：裏付け、根拠が常にあり、論理的にアクションを語る力がある。（この 6 か月で劇的にみにつけた。）

これから身に着けること

1. 率先力：「快適ゾーン」にはまってしまうことを認識して、プロジェクトを成功させる提案を上司にする力をつける。
2. プロジェクト・マネジメント：各部署の動きをまとめ、プロジェクト全体のコーディネーションをする力をつける。
3. 伝える力：他部署の協力を効果的に得るため伝える力をつける。

ネクストステップ

能力開発の話し合いを 8 月 1 日に実施

2020 年 7 月 24 日
鈴木

部下の叫び

力をつけるのは難しいと思います。

「強み」も鈴木さんと課長に助けてもらって、「これから身に着けること」も整理ができました。

「これから身に着けること」の中にあげた、「マーケティングとブランディングの専門力」では、前から行きたいと思っていたセミナーに行かせてもらう承認をもらいました。ちょっと基礎が固められそうです。

「『これから身に着けること』を身に着けられるように応援しているからね。いつでも相談してね。頑張ってね。」

と鈴木さんからは言われました。頑張る気はかなりありました。

そして、数か月です。力をつけるのは難しいと思います。どうしていいかわかりません。

鈴木さんはいつも通り、いろいろなところに気づいて指導をしてくれます。本当に毎日、いろいろと指摘をしていただいていて、自分に何が足りないのかよくわかります。ただ、いろいろあって、全部改善できる気もしません。頭がグチャグチャになってきています。同じようなことを繰り返し指摘されていることもあって、本当にためだと思っています。

そんな感じですから、「強み」を伸ばすことと「これから身に着けること」、書き出した項目についてはセミナーに行った以外は何もできていません。これが重要なんですよね。

まだ時間はありますが、来年、同じセッションをしたら、また同じようなことを書くことになってしまいそうです。一年間、何やってたんだ、となりますよね。

書きあがったのに安心して、私もこの数か月間、思い出すこともなく過ごしてしまいました。そもそも、結局どの項目にしたか、どうまとめたかもよく憶えていません。

上司のアクション その48

能力開発計画書を作って実行する。

「強み」と「これから身に着けること」を明確にしたら、次は、具体的には何をやっていくのか、上司が一緒に計画をまとめます。業務と一緒で、成果を上げるためには計画を緻密に作らないといけません。頭の中で済ませるのではなく、書類化です。

まず、「強み」についてです。「強み」は、これから「どう活かすのか」、そして「どう磨くのか」、この2つを考えます。

ほとんどの場合、担当している仕事の中で「強み」をもっと発揮できる場面がありますので、「この場面で、この強みを使って、これを成し遂げる」という期待を上司が明確にします。さらに高いレベルで「強み」を活かせることはないか、今の担当の延長線上で考え、場合によっては「強み」をより活かせる方向に少し役割を変えてあげるといいでしょう。

もし、とても大きな「強み」があるのに、今の仕事で活かされていない感じであれば、自分のグループの中での役割の割り振りはもちろん、上司に相談して、本人と組織がWin-Winになる仕事に異動を考えることも必要かもしれません。

「これから身に着けること」は、「頑張りましょう、応援します」で終わってはいけませんので、育成者としては、それを身に着ける場面や方法を部下と一緒に検討して、用意してあげる必要があります。

今までの仕事でその力は身に着いていないのですから、何か新しいことを考えなくてはなりません。業務の中で、どうその力を身に着けさせるのか、知恵の絞りどころです。

ＯＪＴ（On-the-Job Training）という育成の概念があります。これは実務を通して訓練をして力をつけさせる、という概念ですので、ここで言っている能力開発計画書を作るということは、ＯＪＴの目的と計画を立てるということです。

どんな力を伸ばすのか、新たにどんな力を身に着けるのかという目的を明確して、その目的を果たす方法を考え、具体的な計画にして、毎日のＯＪＴを行う、というプロセスです。

毎日のＯＪＴは、目的と計画がないと、目についたことを指導する「もぐらたたき」のような指導になって、対症療法的でバラバラになったり、細かいことばかりの話になってしまいます。

さらには、「上司として自分は何をするのか」「部下として何をするのか」、これをそれぞれ具体的に決めておきます。両者がそれらを実行することで部下が力をつけられると確信の持てる計画を作ることです。たまに、「外部のセミナーに参加する」といった計画を立てているところを見ますが、ポイントは、本当にセミナー参加だけで、その力がつくのかどうかです。セミナーが悪いのではありません。セミナー後のＯＪＴが要るのではないだろうかということです。とりあえずこれをやるという計画ではなく、力を本当につける計画が必要です。

そして、最大のポイントは、言うまでもありません、本当にそれを実行するということです。成果を決めるのは明確な目的、内容のある計画、そして確実な実践です。実践なくしては何も生まれません。

具体化して実行する

- 「強みを伸ばす・活かす」「これから身に着けること」、それぞれ、何をするかを具体的に決め、確実に実行する。
- 部下本人がやることと、上司がやることを書き出す。
- この内容を日々のOJTの内容として扱う。

能力開発計画書

氏名　小林
上司氏名　鈴木
日付　2020年8月1日

強みを伸ばす・活かす

	さらに伸ばす・活かす	本人のアクション	上司のアクション
顧客情報の整理力：質的調査からユーザーの心理をモデルにするなど、情報を組織のナレッジにする力	食品と健康の意識とニーズ全体をまとめてファクトブック化	学びを整理しなおし、全体をまとめる	プロジェクト化（部長の承認、8月中）
他部署を巻き込む力：他部署をタイムリーに巻き込むことができる	「健康になる食品」でプロジェクトマネジメントスキルをつける（「これから身に着けること」項目）	「健康になる食品」プロジェクトでリーダー役をする	ミーティングには必ず一緒に参加して必要なところはサポート
論理的な思考：裏付け、根拠が常にあり、論理的にアクションを語れる	「健康になる食品」の企画を根拠の明確な企画として部長の承認を得る	企画の書類化（10月）	ドラフトへの赤ペンフィードバック

これから身に着けること

	到達目標	本人のアクション	上司のアクション
率先力：提案を上司にする力	課長に提案して承認をもらうサイクルで仕事をできる状態	毎月の課長ミーティングを提案の場として準備をする。準備は鈴木さんに見せる。	準備に赤ペンフィードバック、後にフィードバックセッション
プロジェクト・マネジメント：　プロジェクト全体のコーディネーション	プロジェクトチームのリーダーとしてプロジェクトを成功させる	プロジェクトの管理工程表は毎週のミーティングで最新のものを鈴木さんに見せる。	工程表に赤ペンフィードバック
伝える力：他部署の協力を効果的に得る	他部署の協力が効果的に得られる、他部署にプロジェクト・リーダーとして信頼される	チーム・ミーティングで伝えることをパワーポイントで準備して鈴木さんに見せる。	準備に赤ペンフィードバック、後にフィードバックセッション

ネクストステップ：次回のフィードバック・セッションを11月2日（3か月後）に実施

部下の叫び

いいのか悪いのかわかりません！

「強み」と「その活かし方」、「これから身に着けること」と「どうやって身に着けるか」、しっかりとまとまったので、自分の努力の仕方がわかって、とてもよかったと思っています。

この半年、私なりに力をつけて活躍するように頑張っています。ただ、心配なのは、「私なりに」のところです。「私なり」にはやってきているんですが、これがどうなのかがよくわかりません。

鈴木さんから、フィードバックがもらえていません。

フィードバックをもらいたいとお願いしたところ、「課長にも入ってもらって今月末にやろうか」と言ってもらえたのですが、月末になったところで、「これが落ち着いたらやろうか」となって、その後2か月、うやむやになっています。

鈴木さんはいろいろと丁寧に教えてくれるので、一つ一つの作業については、「ここがよかった」「ここを次回はもうちょっとこうしよう」という話はしてくれるのですが、全体としてどういう感じなのかがよくわかりません。

とても不安です。私は今のままで大丈夫なのでしょうか？ だめならだめと言っていただきたいし、よければ自信を持ってこのまま頑張ろうと思っているのですが。

これでいいのか悪いのか言ってもらえないので何とも考えようがありません。

他の会社で働いている友達とこの話をしたら、

「適当に終わらせてくれるならいいじゃない、楽だから。」

と言っていました。

どうなんでしょうか。私は力をつけたいと思ってるんでちょっと感覚が違います。私がうるさすぎるのでしょうか？ 一年に一回、評価が下るのを待つしかないのでしょうか。ただ、学校だって、一学期に一回は通知表がありますから。

フィードバックがないといいのか悪いのかわかりません！

上司のアクション その49

フィードバック・セッションを定期的にする。

急成長で一気にグローバル化した日本企業で外国人が定着しない、ということで、相談を受けたことがありました。その企業のヨーロッパ人の声を直接聞きました。いくつかの不満点がありましたが、特に大きな不満点は、

「上司からのフィードバックがないので、どうしたらいいかわかりません。これでは力をつけられません。」

ということでした。私にとっては、これはまさに想定内、私もグローバルな組織の中で部下から「もっと、フィードバックをください」と怒られたという経験をして以来、とても意識をしてやっていることです。

部下にフィードバックをする、これは、一般論として我々日本人がうまくできていないことの一つです。

やはり、心理としては「あいまいにしておきたい」ということなのだと思います。上司として部下の仕事の質と部下の活躍の様子に対して、ここはいい、ここはもっと頑張ろう、ということを言うのはプレッシャーです。責任が生まれます。特に、部下が頑張っているなら気に障るようなことは言いたくない気持ちもありますし、頑張ってない部下にはどう言っていいかわからない。間違ってはいけないので、難しいし、面倒くさいし。だから、できればやりたくない。

そんな気持ちが自然と出てしまうのでしょう。

そんな気持ちが働いてしまいますが、進捗を振り返ることは絶対に必要ですから、フィードバック・セッションを定期的にやると決めて、スケジュールに入れておきましょう。新人レベルなら1か月に一回でもやったほうがいいですし、何年か経験のある部下でも、3か月単位で予定をしておくのがいいと思います。

評価というと、業務の成果と貢献だけの評価になりがちですが、大事なのは力をつけたかどうかを別に評価することです。なぜなら、成果は出ていても力がついてないこともありますし、成果は出ていなくても力がついていることもあるからです。

レビューのポイントは結論をはっきりさせることです。全体として、予定通りの緑なのか、ちょっと微妙な黄色なのか、かなりまずい赤なのか。結論がはっきりしないと全てがはっきりせず、部下にとっては価値のない話し合いになってしまいます。
予定通りであれば信号は緑、よくなったことを具体的に確認して、ネクストステップを決めます。微妙な状況で信号は黄色、の場合は、何はうまくいっていて、何がうまくいっていないのか、修正をどうするのかを考えます。うまくいっていない、信号が赤、の場合は計画が機能していないということですから、そもそも計画が悪かったのか、計画はよくても実践をしていないのか、ポイントをはっきりさせます。黄色や赤は早い段階で認識を合わせておき、修正をすることが何よりも重要でしょう。進捗を確認することは一年に一度の評価のときに、びっくりするほど大変低い評価でした、ということのないようにする意味でも大切です。

やり方は、いつもと同じです。部下に自分の思う進捗状態をまとめさせます。まずは緑、黄色、赤をつけさせ、それぞれの状態を評価、次にどうするかを考えさせ、書かせます。同時に上司として同じように紙に書き、突き合わせて話をしてすり合わせます。結果、部下に納得感があり、部下をさらに前向きに取り組む気持ちにさせることができれば、レビュー・セッションは大成功です。

フィードバックは責任

なぜフィードバックをしないのか？		認識を変える
• 育成のために重要だという認識がない	⇨	フィードバックは上司の責任！
• フィードバックなんて求められていないのでは？と（勝手に）思う（嫌がられたくない）	⇨	その部下がたとえ求めていなくても上司の責任！
• 難しいので気が重い	⇨	評価をする力をつける 伝える力をつける

フィードバックのポイント

- 明確にする、あいまいにしない（⇨書き出して話す）
- いい話も、厳しい話も、部下を前向きな気持ちにさせることを目的にする（アクション 28）
- 勝負は準備、そして自分の訓練

部下の叫び

私のことは把握してもらっていない気がします。

自分が力をつけていないのは自分の責任だとわかっているのでいいのですが、上司に私の現状を把握してもらっていない感じがするのはやっぱり寂しい気持ちになります。

今朝の、私のフィードバック・セッションのことです。

「鈴木さん、お願いします。」
「ええと、小林さん、どんな話だったけ？　資料はどんなだった？」
というのが最初の言葉でした。

ちっちゃいことなのはわかっていますけど、「どんな話だっけ？」と言われるのはさすがに寂しい気持ちになります。私のことが全く頭に入っていないということですから。

しかも、資料が見つからないのですから。私のまとめた成果報告書にも目を通していないのでしょう。

前回、どうしたらもっと活躍できる人になれるのかという相談をしたところ、今回はその内容を具体的に確認しよう、ということでした。ちょっとは考えてくれて（係長や課長のアドバイスももらったりして）アドバイスをもらえると思っていたのですが。

部下が3人になったからでしょう。

私より、2人に力を入れなければいけないのだと思います。中川さんとはいつもちょっともめていて、鈴木さんとの能力開発ミーティングの後には、いつも中川さんは不機嫌です。

大川さんは新しいので、鈴木さんは必死にやっている感じがします。かなり力のありそうな人なので将来のうちのリーダーにするつもりなのかもしれません。バリバリやる感じがあるので、力を入れて育成に取り組んでいるのはよくわかります。

私はどうなんでしょう。ごく普通で、何もないのかもしれません。

上司のアクション その50

一枚の紙で全ての部下の育成を考える。

何人もの部下を持つようになると、一人一人に対して質の高い計画を立ててしっかりやっているつもりでも、誰がどうだったのか混乱をしてしまったり、重要なところでも頭に入っていなかったりすることがあって全体を把握している感じが持てなくなることがよくあります。個別にはしっかりと内容は詰めていても、なかなか全てを頭に入れて毎日の育成に取り組むことは簡単ではありません。

部下が複数になったら、重要な情報を一枚の紙にまとめておくことを勧めます。一枚の紙にまとめておくと、その内容は頭に残りやすくなりますし、複数の部下の情報を比較できることで、自分自身のそれぞれに対するアプローチの違いが明確になって、それぞれに対して自分のやるべきことがはっきりとします。

たった一枚の紙ですが、この一枚を書くと、驚くほど自分の育成が整理されて、自分自身が考えやすく、動きやすくなります。情報を整理すると仕事がはかどる、ということを実感すると思いますので、騙されたと思って書いてください（絶対に本当ですから）。

横書きの表のレイアウトで縦に名前を並べ、それぞれに「職位」「その職位で何年目か」「前年の評価」などの人事的な基本情報、「強み」「これから身に着けること」の本人と合意したスキルに関する内容を書き写しておき、さらに「次の目標」「ネクストステップ」「今とっているアクション」「次のチェックポイント」というような、育成の計画から上司の立場で重要なポイントを書き出しておきます。

「評価」と「次の目標」をこのまとめでわかりやすくしておくと、「この部下の育成はこういうタイプの育成だ」と、それぞれの育成の取り組みをどのようにすべきなのかが明確になります。

取り組みは5つのケースに分けることができます。

- 高い評価を受けている人材をさらに高く持っていくケース。昇進の計画が重要です
- 平均より高い評価を受けている人材をさらに活躍させるケース
- 平均より低い評価を受けている人材を少なくとも平均に、あるいは平均以上にするケース

- 低い評価の人材を救済するケース
- 特別な事情のある人材を専門家などの力を借りてサポートするケース

この5つのケースのうち、誰がどこに入るのか、この紙で示されていると、全体を把握しやすくなります。大きな地図があって、誰がどこにいるのかがわかる、というイメージです。

整理をすると、もちろん上司に話をするときに、上司にとって大変わかりやすくなり、認識を共通にすることができ、いいアドバイスももらえるでしょう。

書き並べたときに、ある部下と他の部下の内容がとても似ていたら、もう一度考え直す必要があるでしょう。本当に二人はそんなに同じ状況なのでしょうか、自分が一つの型に当てはめようとしていて、「個別」に考えることができていないのではないか、そう疑ってみるべきです。

全体を把握する

- 個別にまとめた育成計画のキーポイントを１枚の紙に全員分まとめる。
- 違いを意識して、それぞれの育成に取り組める。
- 不明確なところはないか改めてチェック。

人材育成サマリー

氏名	直近評価	強み	これから身に着けること	次の目標	ネクストステップ
中川さん	A	＊率先力 ＊データ分析力 ＊問題解決力	＊関係構築力（特に他部署） ＊タイム・マネジメント（効率への意識） ＊スピード感	6か月後に主任昇進	営業と連携して新商品の売り上げを上げる 定期フィードバック4か月後
小林さん	B＋	＊顧客情報の整理力 ＊他部署を巻き込む力 ＊論理的な思考（この6か月で劇的に身に着けた）	＊プロジェクト・マネジメント ＊伝える力（特に対他部署） ＊率先力（チャレンジする）	1.5年後に主任昇進	「健康になる食品」の企画を成功させる 定期フィードバック4か月後
大川さん	新人なのでなし（採用時の評価は高い）	＊プロジェクト・マネジメント ＊分析力 ＊問題解決力	＊優先順位のつけ方 ＊率先力 ＊消費者理解の技術	6か月後の評価でB＋以上	「パッケージ変更」プロジェクトをリード 1か月後にフィードバック
桜井さん	新人なのでなし（採用時の評価は高い）	＊論理的な思考 ＊伝える力（文章） ＊優先順位のつけ方	＊高い目標をセットする習慣 ＊スピード感（効率の意識） ＊消費者理解の技術	6か月後の評価でB＋以上	「改良商品」プロジェクトをリード 1か月後にフィードバック

2020年8月24日
鈴木

上司だって叫びたい／上司 心の叫び

自分で言うほど力はないんだけど

半年前に異動してきた中川さんが話をしたいということなので、聴いてみたら、「私が、もうそろそろ昇進しないのはおかしい」と言っていました。

前の部署では、どうしても正当に自分が評価されるところに行きたいということで、課長が引き受けたということです。普段から、そんな言動もあるので、また同じように思っているのかもと思っていましたが、今日、直接本人の話を聴いて本人の不満感はよくわかりました。

今日は不満の話を聴いて、課長に相談する、とだけ言いましたが。結論として、本人が思っているほど活躍できていないし、次の職位には力不足です。課長とも既に話はしています。

問題は、本人が「私はできている」と思っているので、なかなか力をつけるための努力をしないことです。あまりはっきり言うと逆効果な気がして、遠回しに伝えてるつもりなのですが、感じないのでしょうか。どうして、そんなに自分に自信があるのか私にはわかりません。悪い人ではないし、ちょっと前向きにやれば力はつくんですけど。

上司のアクション その51

間違った認識は正して、ガイドする。

部下の中には、自分はもっと評価されるべきだと、強く思ってしまう人がいます。大きな不満を持ち続けることになり、本人のためになりませんので、認識を正して、必要な力をつけることにフォーカスをさせなければなりません。「あなたの思っているほど優れてはいない」という大変厳しいメッセージですからとても難しい話になりますが何とかしないといけません。

認識の違いは、大きくは2つの可能性があるでしょう。一つは、重要なことが何なのか、何が評価されるかの認識が違うこと。特によくあるのが、私は頑張っているのだから評価されるべきだ、という感覚です。頑張っていること自体ではなく、その結果何を生み出しているかが評価されることを本人に理解させなくてはなりません。二つ目は、単純にレベル感と感覚的な判断です。あまり正しくない基準で、私はすごい、私の成果はすごい、と思っているときです。いずれのケースも、非常に具体的にどこに認識の違いがあるかを明らかにしてあげると話がかみ合うようになると思います。

Level. 7

Human Resource Development Master Stage

育成マスター・ステージ

自分を磨き、育成力を自分の強みにする

自分を磨き、育成力を自分の強みにする

ついにファイナルステージ、育成のマスターを目指します。

育成者として優れていれば、どこで何を担当することになっても、強い組織を作ることができ、成果を上げることができます。育成力は必ず自分の強みになりますから、意識を高く持って、高いレベルを目指していただきたいと思います。

育成力を身に着けるということは奥が深いもので終わりがありません。いろいろな部下がいますし、いろいろな環境、いろいろな状況の育成の問題、課題、チャレンジがあります。

また、自分が力をつけて職位が上がれば、それに合わせて一つ高いレベルの人材を育てることに取り組まなければなりません。学ぶことはいつでもありますし、優れた育成者、育成のマス

ターであるためには常に自分を磨いている必要があります。まずは、是非、自分を磨き続けることを意識していただきたいと思います。

もう一つ大切なのは、「個人の育成」から「組織を作る育成」に目線の位置を上げることです。「この人をどう育てるか」、一人一人を個別に考えていかなければいけないことも変わりませんが、育成を考えるスタートを、

「どう組織としてより優れた成果を上げるのか。」
「将来も優れた成果を上げる強い組織をどう作るのか。」

から始めると、組織にとって大きなインパクトを生み出せる育成者になることができます。

では、何点か、必ず押さえておきたいことがありますので、一つずつ確認していきたいと思います。

上司のアクション その52

50％の時間とエネルギーを育成に使う。

人材育成をするために一番重要なことは何かよく聞かれます。今までにいろいろな組織を見てきての私の結論はシンプルです。それは、「人材育成を重要なこととして取り組むこと」です。多くの人が、そんなこと？　という顔をしますが、私は本当にこれが決定的な違いだと思います。

育成を重要なこととして取り組んでいる、とはどういうことかと言えば、育成のために時間とエネルギーを必要な分つぎ込むということです。

プロ野球で「勝つことをとるのか、育成をとるのか」という言い方を耳にしますが、プロ野球にしても、我々の仕事にしても、「どっちですか」という議論は間違っています。どちらか選ぶのではなく、両方をやることが私たちの責任です。「勝たなければいけないし」「人を育てなければいけない」、一時的に焦点をどちらかに当てるとしても、結果、常に必ず両方をやっておかなければいけません。

問題は、「勝たなければいけない」という足元に振り回されてしまうことで、育成が重要だとは思っていても、どうしても育成のほうが後回しになりがちだということです。

両方をやるためには両方に時間とエネルギーをつぎ込むことが必要です。そのために、わかりやすい考え方として、「50－50」を原則とするといいでしょう。自分の時間とエネルギーの50％をビジネスへの直接的な貢献のために、そして必ず、必ず50％を育成と組織づくりにつぎ込むということです。これを意識しておけば育成がおざなりになったり後回しになったりすることがありません。育成を重要なものとして扱う人こそ育成ができる人です。

実際、育てることは勝つための方法ですから、両方をやっていくと結局は一つのことになっていくのを感じると思います。「育てることで勝つ」、もっと言えば「育てることしか勝つ方法はない」という認識を持つようになれば、あなたは立派な育成マスターだといえるでしょう。

上司のアクション その53

自分が活躍する。

育成をする上司として部下に対して責任を感じなければいけないことは「自分が活躍する」ことです。誰でも「活躍していない上司」に育成されるよりは、「活躍している上司」に育成されたほうが力がつくでしょう、というシンプルな話です。

理由は3つあります（本当に当たり前のことですが整理しておきます）。

一つ目、まずは、「手本」として部下にとってとても参考になるということです。どんなに説明しても、誰かが実際にうまくやっているところを見なければ、なかなか具体的なイメージが描けないものですので、「手本を示す」は教えるための最初の原則です。活躍する部下を育てるのが目的ですから、活躍しているところを「手本」として見せることは絶対に必要です。すぐ近くに最高の手本があるのが部下にとっては最高の状態です。

二つ目は、説得力です。これこそ言うまでもありませんが、単純に「活躍していない上司」から何を教えられても説得力がないでしょう。特に、部下に「要求」する話は、「難しいこと言うだけで、自分はやってないでしょ」ということになるのは明らかです。「やれてない人」から「やれ」という話は説得力が全くありません。

三つ目は組織への影響力です。前のステージで部下を組織（上層部）に認めさせることが役割だという話をしましたが、自分自身が活躍をしていて組織に認められていなければ、部下をどうアピールしようとしても、組織への説得力には限界があります。

部下のために、また部下への責任として、「自分は活躍しなければいけない」と思い必死にやることです。毎日がチャレンジです。特に、一つ職位が上がったときは、その一つ上がったレベルで活躍すること、当然ですが、それがそのレベルで優れた育成者になる条件です。

必死にやれば、もちろん、自分自身の評価にも当然返ってきますので、「部下のために」を動機として、必死にやる、その価値は十分にあります。

上司のアクション その54

厳しいフィードバックを「お願い」する。

私が育成を学んだのは、もちろん上司からのフィードバックもありましたが、むしろ部下からの厳しいフィードバックがあったからこそです。かなり直球で話してくれた人ばかりで、そのおかげで、がっちりと鍛えられました。本当にありがたいことだと思います。

部下からのフィードバックは、どうしても文句を言われている気分になってしまうので、言われたくないものですし、聞きたくもないものです。しかし、自分のスキルを磨きたければ、自分が気が付いていない自分の問題を知ることは欠かせません。前向きなことととらえて積極的に情報を取りにいくことが大切なことです。

まずは「私に変えてほしいこととか、もっとやってほしいことがあったら、いつでも何でも言って」としっかりと部下に伝えておくことからのスタートです。もちろん、一回ではなく、何度も繰り返し、自分が本当にそうしてほしいことを伝えます。理由として「自分が育成者としてよくなりたいから」ということを伝えておくことも大切です。

これで、いろいろと言ってきてくれる部下になってくれれば、理想的なので、本当にありがたいと思い、どんな話も真摯に聞いて、自分がどう行動を変えるべきなのかを考えます。

ただ、それだけで積極的に厳しいことを言ってくる部下はそういないですから、一か月に一回くらいは「何かある？」と部下に「言う機会」を作って積極的に聞くことが必要でしょう。

それでも出てこないことが多いので、少なくとも一年に一度は正式な書面によるフィードバックを「お願い」するといいと思います。アンケート型にして、いつまでにこれを埋めて返して、とお願いすると、より本音を引き出せます。厳しいことだけを書くのは難しいので、「このまま続けてほしいこと」というといいことの項目も入れて、「変えてほしいこと」「もっとやってほしいこと」を書いてもらうようにするといいでしょう。自分自身にとって大変貴重な情報ですから、部下には意図をしっかりと説明して協力してくれるよう「お願い」をしてください。部下からのフィードバックはまさに「頼んででももらうもの」です。

上司のアクション その55

「育成者を育成する」ことに時間をつぎ込む。

育成者を育成しないと育成ができる組織にはなりません。言ってみれば当たり前のことですが、しっかりとした仕組みがあるところは実のところなかなかありません。育成者として力をつけることだけが個人に任されていて組織的な取り組みがなされていないという印象です。

実際、人事の研修でも、「マネジメント研修」として、部下の扱い方、力の引き出し方までは学ぶかもしれませんが、「育成」については厚みのある内容にはなっていないのではないかと思います。人間としての深みのある上司は「○○しなければ人は育たん」というような「人づくりの哲学」を教えてくれたりします。これは考え方としてとらえるという意味ではとてもいいことですが、もう少し具体的でないと、育成力を身に着けさせることはできません。

やるべきことは「育成をスキルとして教える」ということです。部下が部下を育成できれば最強の組織を持つことになりますので、「育成をスキルとして教えて」、育成者を育てることに力を入れてください。

まずはこの本です（想像通りですね）。項目を説明するだけでも何をやらなければいけないかを一通り教えることができます。

そして、本当に大事なのは、皆さんが育成者を育成するＯＪＴをやることです。力をつけさせるにはＯＪＴです。

例えば、部下に「期待を伝える」という場面。

- まずは、部下の部下に対して、２つ上の上司として自分がやってみせ、学ばせます。
- 次は、しっかり準備をさせて（もちろん確認して）、そこに同席し部下にやらせてみます。同席するのは、評価をするためですが、その場でサポートが必要であればサポートをするためでもあります。部下の部下の育成は重要ですから失敗はできません。
- その後、フィードバックをして、一緒に振り返り、次回からどうするかを考えさせます。

ＯＪＴとしての原則は同じです。身に着けさせることを育成力にするというだけです。

皆さんは育成者になるためのＯＪＴを受けてはいないでしょうから自分は損をした気がするかもしれませんが、それがパイオニアです。是非、次の世代のために始めてください。

上司のアクション その56

適材適所で組織を変更する。

よく言う「適材適所」という概念は、そこにいる一人一人の力を引き出し、成果を上げられるところを担当させよう、ということで、組織としての成果が最大化できます、本人も最も活躍できるのでマネジメントとしては重要なことである、という考え方です。もっともな話なので、誰も否定しませんし、よく出てくる概念ですが、実は私はこれを十分に実践している上司、実践している組織はあまりないと感じています。

なぜかというと、どうしても、そこにある組織、今の担当が、それまで何年もの間そうしてきたものなので、組織はこういうものだ、担当はそれぞれ頑張っている、という前提が置かれていることが多く、なかなか組織の構造や担当の変更に手を付けないからです。

もうかなり前の本ですがAlfred Chandler氏は『Strategy and Structure』で、企業はそこにある組織で戦略を実行するのではなく、戦略を実行するために必要な組織を作ることで成り立つのだと言っています。
「今の組織で何をやるか」ではなく、「どんな組織にするべきか」、そもそもそこに知恵を絞ることが重要なことだということです。

つまり、育成する上司としてやるべきことは、「組織は目的のためには変えるのが当然である」という前提を持って、「この担当とこの構造でいいのだろうか?」を考え、積極的に担当と構造を最適化するために変えるということです。成果を最大化する可能性と育成の機会が大きく広がります。一番育てたい優秀な人材には最も重要な仕事を任せるべきですし、担当と組織を別の発想に組み替えたら、他の部下全てにとって、より適切なチャレンジができる可能性がありま す。

積極的に組織変更を検討して、結局今のままが一番よければそれでいいでしょうが、本当なのかは是非もう一度考えてみてください。誰もが変化を嫌いますから、誰かに聞けば「問題はあっても今のままが一番いいのでは」と言う人ばかりでしょうし、自分自身も変えないほうが部下からの抵抗もなくていいという心理が働いている可能性があるでしょう。

Level. 4 サポーター・ステージ
〈効果的に助けて、部下を成功させる〉

32. 部屋に入って話を聴く。
33. 会社とトップの考え方を解説して取り入れさせる。
34. 整理をしてあげる。
35. 重要なことを絞って、捨てることを決めてあげる。
36. 問題は解決してあげる。
37. 「ライフ」の問題を理解して助ける。
38. 全て「個別」に考える。
39. 「勝負ところは勝負する」ことを教える。

Level. 5 プロモーター・ステージ
〈部下を組織に認めさせる〉

40. 「こんな成果を上げました」と言える仕事を与える。
41. 「露出」の機会を作る。
42. プレゼンは絶対に成功する準備をさせる。
43. 貢献の語り方を教える。
44. みんなの前で認める。
45. 育成の状況を上司に報告してすり合わせておく。

Level. 6 キャリア・プランナー・ステージ
〈将来の成功を支援する〉

46. キャリア・ビジョンと組織の中の可能性をすり合わせる。
47. ３つの「強み」と、３つの「これから身に着けること」を書かせる。
48. 能力開発計画書を作って実行する。
49. フィードバック・セッションを定期的にする。
50. 一枚の紙で全ての部下の育成を考える。
51. 間違った認識は正して、ガイドする。

Level. 7 育成マスター・ステージ
〈自分を磨き、育成力を自分の強みにする〉

52. 50％の時間とエネルギーを育成に使う。
53. 自分が活躍する。
54. 厳しいフィードバックを「お願い」する。
55. 「育成者を育成する」ことに時間をつぎ込む。
56. 適材適所で組織を変更する。

部下育成56のアクション

Level.1 スターター・ステージ〈まずは部下を軌道に乗せる〉

1. 最初から役割を決めてあげる。
2. 「一週間のスケジュール」を立ててあげる。
3. 最初はセットアップした仕事を与える。
4. 登場人物と役割を紙に書いて渡す。
5. 職場の用語集を作ってあげる。
6. 「期日」と「期待するアウトプット」を明確にしてあげる。
7. 手順を書き出し、説明する。
8. 「自分の成長は自分の責任！」と突き放す。

Level.2 テクニカル・トレーナー・ステージ〈部下に基本の力をつけさせる〉

9. 部署で必要な専門力をリスト化して渡す。
10. 「必要な基礎力」を部下の机の前に貼らせる。
11. 「なぜ」を必ず言わせる。「結論」を必ず言わせる。
12. 全ての作業で「目的」を書かせる。
13. 「どんな話も3つにまとめる」を徹底させる。
14. 毎週、毎日、「優先順位をつけたTo-Do」を書かせる。
15. 「工程表」を作らせる。
16. 「よかったこと3つ」「次はよくすること3つ」を書かせる。
17. 「書き出しなさい」と言う。
18. 「社会人としてそれではだめだ」とはっきり伝える。

Level.3 モチベーティング・コーチ・ステージ〈動機付けと仕事の仕方で自ら動く人材に育てる〉

19. 面とむかって期待を伝える。
20. 役割の意味と価値を説明する。
21. コミットする目標を自分で決めさせる。
22. 提案を持ってこさせる。
23. 週に1回のミーティングをセットする。
24. 自由にしてほしいときは守ることを決める。
25. ネクストステップを言わせる。
26. 「高いところを目指そう！」と働きかけ続ける。
27. 褒めるところは具体的に褒める。
28. ネガティブなことも前向きになるように働きかける。
29. 「快適ゾーンにいたい」という心理的なバリアがあることを教える。
30. 自分の「セルフコントロールの方法」を決めさせる。
31. 「決めるのは自分」と認識させる。

おわりに

いくつかの文献を引用しましたが、古い文献ばかりで済みました。つまり、育成にとって大切なことは、何十年も前から知られている、何も新しいことはない、ということです。しかも文献で語られていることは皆さんも経験したことや皆さんも同じ考えを持っていることばかりだと思います。

何度も繰り返しますが、難しい話ではありません。あとは「やるか」「やらないか」。それしかありません。是非、アクションを起こしていただければと思います。

この本は、部下を「頑張らせる」ことで部下を育成できるという考え方を軸にしています。それについて最後に一つ重要な考え方を付け加えておきます。

かつてP&Gジャパンの社長であったRavi Chaturvedi氏が、我々管理職に人材育成のポイントとして常に強調していたことです。それは、Demand and Careという概念。つまり、部下を成長させるにはDemandすること、要求することはもちろん大事だけれども、同時に大事なのはCareすることだということです。気遣ったり、フォローをしてあげたりすることです。彼は続けました。

「親は自分の子供に成功してほしいのでDemand and Careをする。人材育成は、親が子供にやるのと同じように部下にDemand and Careをすることだ。子供には高いところを目指せとお尻をたたくけれど、子供がくじけそうになったら全力でCareするだろ。もちろん成功してほしいからCareだけではなく、高いところを目指せとDemandする。」

この56のアクションを通して、部下にDemandしましょう、と私は言っていますが、何かの理由で「これでは続かない」という様子が見えたら、無理をさせないように働きかけることも必要です。Careです。言ってあげてください。

「深呼吸して、窓の外、空を見るといいよ。」

ちょっと気分転換をして、自分自身を追い詰めないようにとアドバイスをする。ちょっとしたことですが、これも上司としてはとても重要です。

謝辞

私のP&G時代、私の部下として働いたことのある全ての皆さんにこの場を借りて感謝を申し上げます。本当に部下の皆さんに私は育てられました。今でもたまに連絡をもらって活躍している様子を聞くのは私にとっては何よりの喜びです。

また、P&G時代の全ての上司に心から感謝を申し上げます。欧米諸国、アジア各国、いろいろな国の上司たちに育成する上司としてのあるべき姿を見せてもらいました（反面教師として、とっても参考になった方もいましたが）。Demand and Care 実感しています。

この10年、本当に多くの企業から、そして医療・看護界、行政組織、教育界からもお声がけをいただいたことに感謝します。お声がけいただくのは育成の意識の高い組織ばかりです。引き続き優れた人材の育成にご一緒させていただくことを楽しみにしています。

中でも、株式会社えがおの代表、北野忠男氏には心の底からの敬意と感謝をお伝えしたいと思います。「社員一人一人の成功を実現したい」という揺るぎない想いを持たれ、どんなときもそれを軸に行動、指揮をされている経営者、組織のトップは他にはいらっしゃらないと思います。北野社長との数え切れない時間の人材育成についての会話があって、私の考えも深まり、整理され、この本の内容がまとまっています。引き続き「日本一人を育てる会社」の実現、そしてそれが地域や社会に広がっていくことを、微力ながらお手伝いさせていただきたいと思います。

そして、最後ですが、この本を形にしていただいた木村浩一郎氏、樋口敬子氏、田中宏和氏に心から感謝します。気長にお付き合いいただき本当に感謝しています。

高田誠

著者プロフィール

高田 誠（たかだ まこと）

株式会社オーセンティックス代表取締役

1964年群馬県生まれ。東京理科大学卒。87年P&G入社。製品開発部でアリエール、ジョイなど日本市場向け商品、中国、韓国、欧米向け商品などの商品企画開発を担当。2001年広報渉外部に社内転職、インフルエンサー・マーケティング、サステイナビリティ経営など社会性の起点のマーケティングをP&Gジャパンの責任者として推進。2010年広報部長職でP&Gを退社。株）朝日サステイナビリティマネジメントの代表を経て、2013年、株）オーセンティックス設立。部門別採用、部門別キャリアのP&Gにおいてほとんど例のない、「モノづくり側」と「コミュニケーション側」、それぞれ10年以上の専門的な実務経験を活かし、俯瞰的にマーケティング活動を支援。

また、人材育成と組織作りをラインマネジメントで一貫して取り組んできた20年以上の実務経験に基づいた知見で、様々な組織の現場レベルの人材育成と経営レベルの組織マネジメントの支援に取り組んでいる。

「一人一人が力をつけて、結果を出す」が活動の共通テーマ。「奇をてらわない」オーセンティシティにこだわることが信条。

著書に「P&G式　伝える技術　徹底する力」（朝日新書）、「P&Gで学んだ　世界一やさしいビジネス英語」（ダイヤモンド）がある。


株式会社オーセンティックス　HP http://www.authentics.co.jp/
- 商品企画開発やブランディングの研修やコンサルティング
- 企業、医療、行政など、あらゆる組織のマネジメントと人材育成にむけた研修やコンサルティング

コンタクト　contact-rep@authentics.co.jp

部下が喜び、組織に評価される

「上司力」強化マニュアル

2021年2月15日　初版第1刷発行
2021年3月30日　　　第2刷発行

著　　者　高田 誠
発 行 人　木村 浩一郎
発行・発売　リーダーズノート出版
〒114-0014　東京都北区田端6-4-18
電話：03-5815-5428　FAX：03-6730-6135
装　　丁　塩崎 弟
協　　力　ビジネスカウンシル・東京

ISBN 978-4-903722-84-9　C0036